패션 디자이너, 미래가 찬란한 너에게

일러두기

- 외래어 표기는 외래어 표기법을 따랐으나, 일부 현지 발음으로 표기하거나 실무에서 일반적으로 사용하는 명칭으로 표기함.
- 잡지는 겹화살괄호(《》)를, 영화는 홑화살괄호(〈〉)를 사용해 표기함.

BEGINNER SERIES **1**

패션 디자이너, 미래가 찬란한 너에게

글 · 그림 **박민지**

I AM A FASHION DESIGNER

패션 디자이너를 꿈꾸는 이들을 위한 직업 공감 이야기

크루

CONTENTS

Part 2
패션 디자이너의 꿈을 디자인하다

1. 꿈을 이루기 위한 '도전' · *76p*

QnA

2. 꿈을 향한 '도약' · *96p*

QnA

3. 꿈에 그리던 '도착' · *108p*

QnA

Part 3
패션 디자이너가 말하는 패션 디자이너

Part 4
패션 디자이너, 패션으로 말하다

PROLOGUE

나의 장래 희망은 어린 시절부터 오로지 패션 디자이너였다. 그 꿈은 7살 때부터 시작됐다. 그 무렵 텔레비전에서 에펠탑을 배경으로 블랙 드레스를 입은 여자가 광고에 나오는 것을 보고 엄마에게 저기가 어디냐고 물었다. 엄마가 프랑스 파리의 에펠탑이라고 알려주자 나도 가겠다고 했다. 그때부터 왠지 멋진 여자가 되려면 파리에 가야 한다고 생각했던 것 같다. 그렇게 패션 디자이너를 꿈꾸게 되었고, 어릴 적부터 꿈꿔오던 것이 지금 나의 직업이라고 생각하면 스스로 자랑스럽고 새삼 뿌듯하다.

어쩌면 나도 디자이너란 직업의 환상을 가지고 시작한 것이 아닌가 생각한다. 적당한 환상은 긍정적인 시너지를 낸다. 난 꿈을 꾸는 사람에게 현실의 고통과 부조리함만을 알려주는 그런 어른이 되고 싶지 않다.

대학진학 대신 유학을 가려고 마음을 먹고 몇몇 유학을 다녀온 사람들에게 조언을 구한 적이 있다. 패션 디자이너에 대해 궁금했던 점이 많아 여러 질문을 했지만 그들은 하나같이 부정적인 대답만 해줄 뿐이었다. 왜 디자이너가 되려고 하는지 모르겠고 고생스러우며 박봉이라 견디기 힘들 것이란 답들뿐이었다.

특히 어느 지인과의 통화가 아직도 기억에 남는다. 내가 파리유학 준비로 불어를 공부하고 있다고 했더니 불어는 쓸모없다며 우리나라 패션 시장과 가장 닮아있는 동경이나 뉴욕이면 모를까 왜 하필 파리로 유학을 가느냐고 했다. 그러면서 자신은 디자이너 생활이 너무 힘들어서 그만뒀고 이제는 디자인 일을 안 한다고 했다. 시간과 돈을 써서 공부했지만 30대 중반에는 그만둬야 하고 겨우 10년 일하는 것이니 다시 생각해보라는 내게는 의미 없는 대답만을 해주었다.

지금 생각하니 하필 그때 내가 만난 사람들은 나에게 부정적인 이야기들만 잔뜩 들려줬던 것 같다. 하지만 그런 말들에 크게 흔들리진 않았다. 워낙 어릴 적부터 오랫동안 품어왔던 꿈이었기 때문에 의지도 열정도 모두 확고했다. 파리로 유학도 가야겠고, 디자이너도 간절하게 되고 싶었다. 내가 너무 원하니 부모님도 믿고 허락해 주셨던 것 같다. 그때 진로를 바꾸지 않았던 것을 다행으로 생각한다.

그때 나에게 조언을 했던 이들은 자신이 겪은 실패와 상처뿐인 현실을 제대로 알려줬다고 생각하겠지만 그런 조언은 꿈을 꾸는 이들에게 해줄 그다지 현명한 조언은 아닌 것 같다.

세상을 움직이는 힘은 긍정의 마인드에서 나온다고 생각한다. 부정적으로 생각하면 세상에 할만한 일이 얼마나 있을까?

나는 현재까지 18년간 패션 디자이너로 일하고 있지만, 그들이 이야기한 것처럼 그렇게 고생한 적도 없고, 박봉도 아니며, 파리 출장이 많아 불어 쓸 일도 많았다. 자신의 꿈에 따라 세상이 만들어진다는 것을 그들은 몰랐을 것이다.

진로를 고민할 때 긍정적인 사람, 그 분야에 성공한 사람, 열정이 있는 사람에게 조언을 구하길 바란다. 어떻게 구분이 되는지는 말하는 태도만 봐도 금방 알 수 있다. 당시 내가 20살이었지만 그들의 조언이 틀렸다고 생각했던 것처럼 말이다.

한때는 최고의 직업이라고 불리던 패션 디자이너를 요즘은 정신적, 육체적으로 힘든 직업이라고 생각하는 것 같다. 물론 드라마나 영화에서 지나치게 화려하게 묘사되는 패션 디자이너는 현실이 아니다. 하지만 디자이너에 대한 오해가 너무 많아 안타까운 점이 많다. 모든 직업의 현실은 생각보다 팍팍하고, 사람이 모여서 일을 하다 보면 트러블이 있기 마련이다. 이점이 두렵다면 아무것도 하지 않아야 한다.

18년 동안 일을 하면서 회사는 2번을 옮겼고 브랜드는 3개를 경험했다. 디자이너치고는 이직경험이 없다고도 하지만 내 주변에는 한 직장에서만 일하고 한 브랜드에서 10년 이상 일한 사람도 많다. 물론 수십번 이직을 한 디자이너들도 많다.

패션 디자이너는 분야가 매우 다양하다. 크게 개인 브랜드를 할 수도 있고, 나처럼 회사에 소속되어 일할 수도 있다. 브랜드의 타깃이 해외시장을 겨냥한 브랜드도 있고, 인터넷 플랫

폼에서 활동할 수도 있으며, 나처럼 백화점에서 판매되는 옷을 디자인할 수도 있다. 그리고 옷을 디자인할 수도 있고 가방이나 신발을 디자인할 수도 있다.

이제는 시간이 흘러 디자이너를 꿈꾸는 학생들이 나에게 조언을 물을 때가 있다. 그때마다 지난 경험을 떠올리며 최대한 나의 이야기를 하려고 한다. 내가 지금까지 일해 왔던 환경과 경험이 우리나라 패션 디자이너의 대표적인 모습이라고 할 수 없겠지만, 그 안에서 분명 얻어가는 부분이 있을 것으로 생각한다.

어찌 보면 좁은 나의 세상이라 얼마나 도움이 될지 모르겠다. 고민이 되기도 했지만 어린 시절부터 디자이너를 꿈꿔왔던 경험의 과정은 독자들과 비슷하리라 생각된다. 지금부터 나의 경험에 비추어 디자이너의 일상과 경험을 서술하려고 한다. 그리고 디자이너가 일하는 환경과 분야의 특성은 각기 다르지만 근본적으로 디자인하는 과정은 비슷하다고 생각한다. 다양한 분야에서 활동할 멋진 예비 디자이너에게 조금이라도 도움이 됐으면 좋겠다.

I am a fashion designer

Part 1 패션 디자이너, 트렌드를 이끌다

1 패션 디자이너의 세계

패션이란 끊임없이 변화하는 유행을 말한다. 패션 디자인은 의복 및 액세서리에 유행을 적용하는 예술이다. 문화와 유행의 영향을 받으며 시간과 장소에 변화하는 것을 트렌드라 생각한다. 디자이너에게 트렌드를 찾는 것은 매우 중요한 일이다. 패션 디자이너는 트렌드를 연구하고, 그에 맞는 디자인을 하며, 직물과 패턴을 선택하고, 제품을 만드는 방법을 제시하는 역할을 한다.

패션 디자이너는 단순히 디자인만 하는 것이 아니라 무에서 유를 창조하는 힘과 실천력을 가지고 있어야 한다. 그래서 창의적이어야 하고 동시에 체계적이어야 한다. 시즌에 맞춰 한정된 시간 내에 완성해야 하며 소비자의 손에 들어가기 위해 계획적으로 일해야 한다.

시즌을 표기할 때 S/S는 봄과 여름 시즌을 말하고, F/W는 가을과 겨울 시즌을 말한다. 대부분 디자이너는 크게 두 가지 시즌으로 나누어 기획한다. 그리고 상품이 출시될 날짜에 맞춰서 역으로 계산하여 기획에 들어간다. 아무리 늦어도 매장에 들어갈 상품은 6개월 전에 디자인으로 스케치 되어야 한다. 다시 말해 디자인 기획은 상품출고에 앞서 반년 혹은 일년 전부터 이뤄져야 한다. 그 틈이 멀수록 트렌드를 예측하기란 쉽지가 않다. 하지만 이렇게 미리 기획한 상품을 시즌과 민감한 날씨에 맞추어 적절하게 상품을 내보낼 수 있어야 한다.

디자인 콘셉트에서 최종 생산까지의 디자인 프로세스는 몇 개월에 걸쳐 진행된다. 디자인의 첫 번째 단계는 현재의 패션 트렌드를 연구하고, 미래의 패션 트렌드를 예측한다. 두 번째 단계로는 자신의 비전을 시각적으로 표현하기 위해 샘플을 만든다. 마지막 단계로는 소비자에게 상품이 되어 전달될 수 있도록 생산을 컨펌한다. 이 모든 과정의 주체가 바로 디자이너라고 생각하면 된다.

인간이 살아가는 데 있어서 필요한 의식주 중에 가장 첫 번째 요소가 '의衣'다. 옷은 단순히 몸을 보호하는 것뿐만 아니라 '나'를 표현하는 수단이라는 것은 모두가 잘 알고 있을 것이다. 옛날에 의복으로 신분 차이를 나타냈던 것처럼 현재도 자신의 정체성과 품위를 옷으로 표현한다는 점에서 그 의미가 크게 변하지 않은 것 같다. 여기서 패션 디자이너가 맡은 매우 중요한 역할이 바로 삶을 표현하고 설계하는 것으로 자신뿐만 아니라 타인의 정체성을 만들어 주는 것이다. 그런 면에서 패션 디자이너는 현실에 가장 가까운 행복한 예술인임이 틀림없다.

Q1
패션 디자이너는 어떤 일을 하나요?

패션 디자이너라고 하면 떠올리는 이미지가 있다. 한쪽에는 마네킹이 세워져 있고, 온갖 화려한 사진과 천 조각들이 여기저기 붙어 있는 벽을 배경으로 한, 화려한 옷차림에 멋지게 자리에 앉아 패션 일러스트를 그리고 있는 모습 말이다. 물론 일부는 맞고 일부는 틀리다. 영화나 드라마에 나오는 패션 디자이너는 현실에서 아마도 크리에이티브 디렉터나 사업본부장 정도의 직책으로 보인다. 하지만 국내 어느 회사의 사업본부장도 자리에 앉아 일러스트를 그릴 시간이 없을 것이다. 아무래도 영상은 가공된 아름다움이 있어야 시청자를 사로잡을 수 있으니 현실과 영화를 헷갈리는 사람은 없으리라 본다.

패션 디자이너는 바쁜 일과를 소화하기 위해 하루 종일 뛰어다닌다고 해도 과언이 아니다. 그래서 일하기 편한 복장으로 출근하는 사람이 많다. 그렇다고 해서 모두 그런 것은 아니고 화려한 옷차림으로 매일 꾸미고 다니는 사람도 있다. 또 시즌 초에는 책상을 깨끗하게 치우고 영감 받을 사진들과 기억해야 할 메모들로 주변을 꾸미는 디자이너들이 많다. 그러다 곧 샘플과 메인 작업지시서에 치어 금방 어질러지기 일쑤지만 일 년에 한두 번씩은 치우는 것 같다. 책상을 보면 그 자리가 디자이너 자리인지 혹은 MD 자리인지 금방 알아차릴 수 있다. 대다수 디자이너의 책상은 종이, 가위, 잘린 천 조각, 단추 등을 쌓아두어 어질러져 있는 반면에 MD의 책상은 컴퓨터와 인쇄된 보고서 정도만 놓여 있을 뿐 깔끔하게 정리되어 있다.

디자이너의 책상이 복잡할 수밖에 없는 이유는 현재와 미래를 동시에 살기 때문이다. 다음 시즌 디자인과 함께 지금 매장에 나갈 상품을 컨펌해야 한다. 그렇다 보니 디자인하기 위해 찾은 자료들, 스케치한 종이들, 매장에 나가기 전 확인하기 위해 놓아둔 상품 등이 항상 책상 위를 가득 채운다. 게다가 다음 품평회에 나갈 상품의 가봉까지 봐야 하니 한가할 틈이 없다. 물론 자신이 속한 브랜드나 분야에 따라 업무의 강도나 시기가 조금씩 다를 수는 있겠지만 패션 디자이너의 모습은 대부분 이러하다.

패션 디자이너의 범위는 옷에서부터 액세서리까지 다양한 분야로 나누어져 있다. 디자인하는 의류는 크게 양장과 한복으로 분류할 수 있으며, 성별과 나이에 따라서는 남성복, 여성복, 아동복으로 나뉘며 옷의 용도에 따라 유니폼, 운동복, 평상복 등으로 세분화된다. 의류의 종류가 다양한 만큼 대체로 자신만의 전문분야를 가지고 활동하며 이를 총칭해 의상 디자이너로 불리기도 한다.

옷을 생산하는 방식에 따라 기성복과 맞춤복으로 나눌 수도 있으며 영화나 연극의 의상을 디자인하는 코스튬 디자이너도 있다. 패션용어 중에 기성복을 의미하는 프레타 포르테 Pret a Porter , 맞춤복을 뜻하는 오트쿠튀르 Haute-Couture 라는 단어를 많이 들어 보았을 것이다. 흔히들 말하는 패션 디자이너는 대부분 이 대량 생산을 기본으로 하는 기성복 디자이너라고 생각하면 된다. 나 역시 기성복 디자이너이고 이 책에 대부분 다뤄질 내용이 의류에 관한 내용이다.

패션을 아이템으로 나누면 우븐, 니트, 가방, 슈즈, 주얼리, 모자, 속옷 디자이너 등 분야가 다양하다. 자신이 경력으로 쌓아온 전문분야로 활동하기 때문에 총괄 디렉팅을 하지 않는 이상 전문분야에서 활동한다.

패션 디자이너는 종류가 너무 많아 하는 일 또한 천차만별이다. 브랜드가 속한 회사가 클 수도 있고 개인이 하는 작은 브랜드일 수도 있다. 자신이 속해 있는 브랜드와 업무 환경에 따라 조금씩 다른 일을 하고 있다.

Q2
패션 디자이너의 일과는 어떻게 되나요?

디자이너는 일과 중 가장 많은 시간을 디자인 서치와 스케치를 하는데 보낸다. 이 과정은 단순히 책상 위에서만 이루어지지 않는다. 출퇴근할 때도, 잠깐 여유를 부릴 때도 틈틈이 모아두었던 자료, 메모, 작은 스케치와 아이디어를 통해 디자인한다. 그런 다음 회사의 소속되어 있는 디자이너의 경우는 디자인한 스케치를 디자인 실장과 함께 상의하고 투입을 결정한다.

가봉을 보는 시간도 많은 부분을 차지한다. 이미 투입된 디자인의 가봉이 나오면 바디 토르소 모양의 마네킹 에 입혀보고 나의 디자인 의도에 맞는지 체크한다. 틀린 부분이 있으면 그 부분을 자르고 붙여서 수정한다. 항상 디자이너들이 핀봉을 손목에 차고 있는 모습을 많이 봤을 것이다. 항상 가봉을 수정하고 있어서 회사에 오면 자연스럽게 손목에 핀봉을 팔찌처럼 끼고 다닌다.

'Q.C Quality Control '라고 하는 것은 생산하기 전에 디자이너에게 상품을 보여주고 확인하는 과정을 말한다. Q.C를 보는 시간이 정해져 있을 만큼 매일 확인 해야 하는 일과 중 하나다.

디자이너와 가봉 컨펌 중

이때는 피팅모델에게 입혀서 상품화될 때 문제가 없는지, 실루엣이 의도대로 잘 나왔는지, 봉제는 깨끗한지 모든 것을 체크한다. 직접 입어보기도 하며 불편한 점이 없는지도 확인한다.

옷이 완성되면 회의하는 시간도 가진다. 보통은 품평회라고 지칭하고 컨벤션이라고 말하기도 한다. 컨벤션에서는 디자인이 괜찮은지, 수정할 부분은 없는지, 생산은 얼마만큼 할지, 이 디자인엔 어떤 컬러가 어울릴지 등의 회의를 한다. 그리고 디자인한 의도대로 생산되고 있는지도 체크를 한다. 동시에 다음 시즌에 어떤 방향으로 디자인할지 생각하고 기획하는 일도 한다.

이렇듯 디자이너의 일과는 현 시즌과 다음 시즌이 동시에 이루어져서 보통은 여름에 겨울옷을 만들고 겨울에 여름옷을 만든다. 생산되는 시간을 고려해 미리 제작해야만 소비자들이 제때 옷을 구매할 수 있다. 다음 시즌의 디자인을 기획하면서 곧 출시될 디자인의 생산 컨펌을 동시에 하는 것이 디자이너의 일과다.

Q3
완전한 옷이 만들어지기까지 어떤 과정을 거치나요?

한 벌의 옷이 만들어지기까지 많은 시간과 여러 사람의 손을 거쳐야 한다. 디자이너는 앞에서 말한 것과 같이 먼저 트렌드를 찾고, 그것을 표현하기 위해 다양하게 스케치를 한다. 그런 다음 소재를 매칭해보고 여러 가지 아이디어와 스케치를 통해 디자인 실장과 상의해서 투입을 결정한다.

그렇게 결정된 것을 모델리스트 패턴사 에게 설명해야 한다. 그림만으로 표현이 부족할 때는 다양한 사진 자료와 함께 어떤 소재로 완성할 것인지, 강조하고자 하는 실루엣의 포인트는 무엇인지를 전달한다. 모델리스트는 디자이너의 방향대로 패턴으로 만들어 봉제사에게 넘기고, 봉제사는 전달받은 패턴대로 재단하고 재봉틀로 박고 바느질로 꿰매서 가봉을 완성한다. 여기서 가봉이란 쉽게 뜯어낼 수 있도록 적당히 봉제하여 수정이 용이하도록 만든 옷을 말한다. 가봉이 완성되면 이를 입어보고 수정하는 과정을 거친다. 이때 모델에게 입혀보고 내가 표현하고자 하는 실루엣이 맞는지 실루엣을 표현하기에 소재가 적합한지를 고민한다. 그리고 디테일 부분 또한 실루엣과 잘 어울리는지도 체크한다.

완벽한 실루엣이 나오기 위해 수정된 부분을 모델리스트에게 설명하고 모델리스트는 패턴을 수정한다. 그렇게 수정된 패턴을 다시 봉제사에게 넘기면 봉제사는 원단으로 재단하여 완벽한 봉제로 완성품을 짓는다. 이때 디자이너는 자신이 의도한 대로 완성하기 위해 실루엣, 디테일의 완성도, 새로운 봉제법 등 끝처리까지 세심하게 신경 써야 한다.

옷이 만들어지는 과정

1

디자인하기(스케치, 소재 매칭)

2

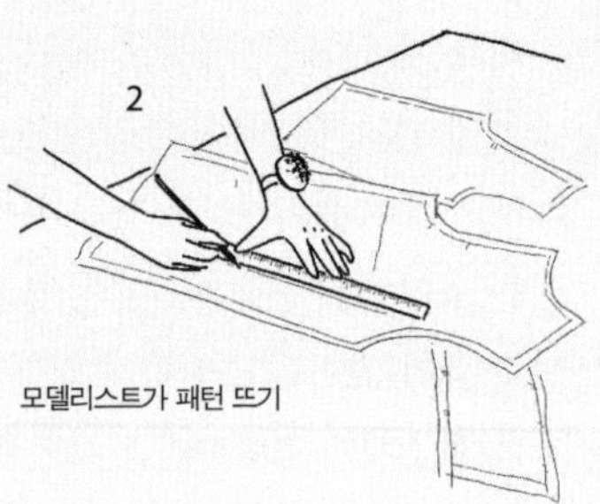

모델리스트가 패턴 뜨기

3

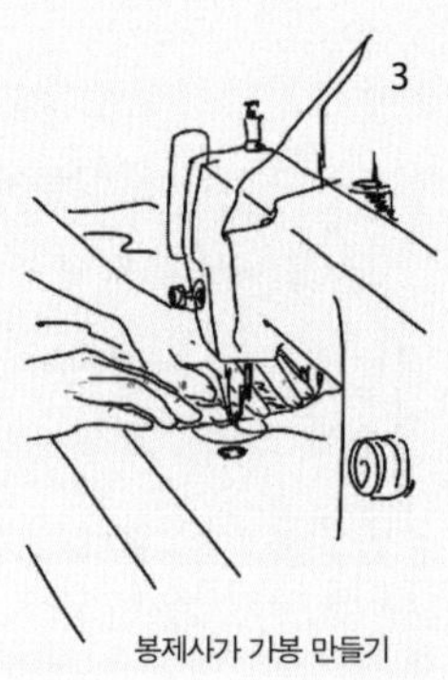

봉제사가 가봉 만들기

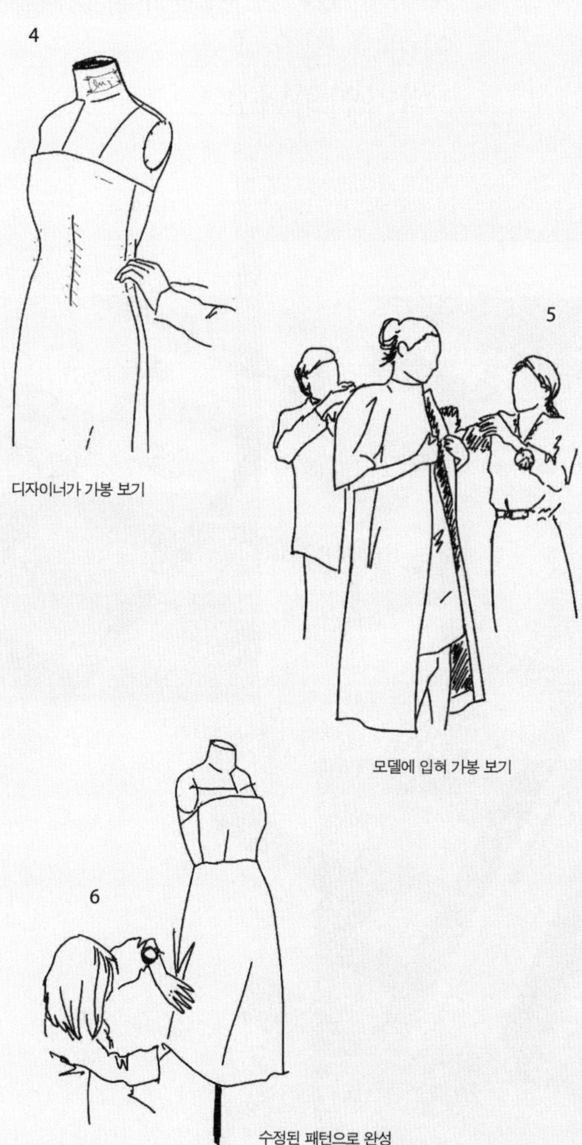

4 디자이너가 가봉 보기

5 모델에 입혀 가봉 보기

6 수정된 패턴으로 완성

Q4
얼마나 많은 옷을
디자인하나요?

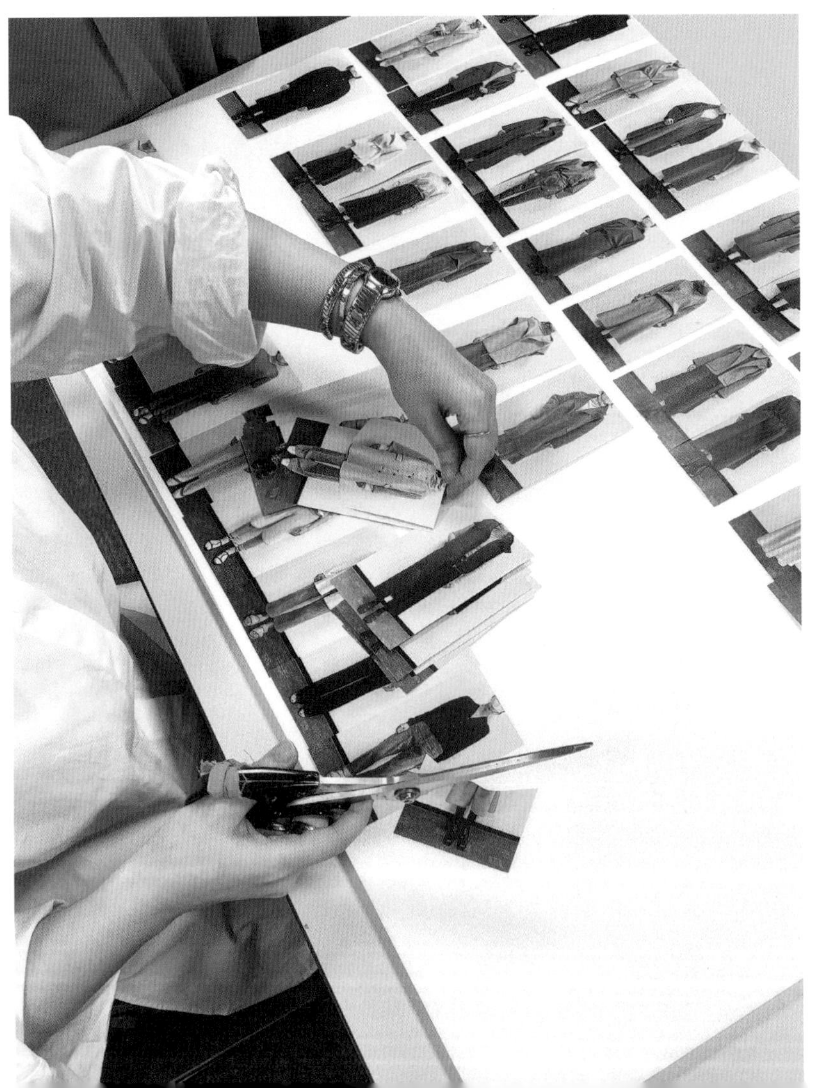

보통 브랜드와 경력에 따라 디자인하는 양이 다르다. 규모가 큰 브랜드는 디자이너도 많고 필요한 아이템도 많아서 당연히 많은 양의 옷을 만든다. 또 경력이 많을수록 디자인하는 수도 많아진다.

패션쇼를 하는 브랜드라고 가정하고 시즌에 40개의 아웃핏 Outfit 을 만든다고 생각해보자. 아웃핏 하나에 코트, 셔츠, 팬츠라고 생각하고 3개의 옷을 디자인한다면 시즌에 필요한 디자인이 대략 120개 정도 된다. 이렇게 두 시즌을 하게 되면 일 년에 240개를 디자인한다.

국내 캐릭터 브랜드에서 S/S 시즌에 220개의 모델, F/W 시즌에 250개의 모델을 기획한다고 가정하면, 그럼 적어도 한 달에 40개 모델 이상을 출시해야 하고 샘플은 적어도 1.5배수는 만들어야 한다는 말이다. 샘플은 품평회를 통해 상품 출시 여부가 결정되기 때문에 본 상품의 수보다 많은 양의 샘플 수가 필요하다. 물론 이 역시 브랜드의 규모나 콘셉트에 따라 출시 가능 상품 수가 정해지므로 모든 사항은 브랜드의 특성에 따라 달라질 수 있다.

각 디자인실의 인원과 경력에 따라 천차만별이겠지만 내 경험상 경력 디자이너 한 명이 한 달에 디자인하는 옷은 8벌 내외이다. 하지만 여기에 지난달 품평회에서 픽스된 디자인을 정리 보완하는 과정까지 추가되어야 한다. 디자인과 품평회를 거쳐 상품화되기까지 옷이 만들어지는 모든 과정이 톱니바퀴처럼 맞물려 진행되기 때문이다.

Q5
패션 디자이너의 분야도 나누어져 있나요?

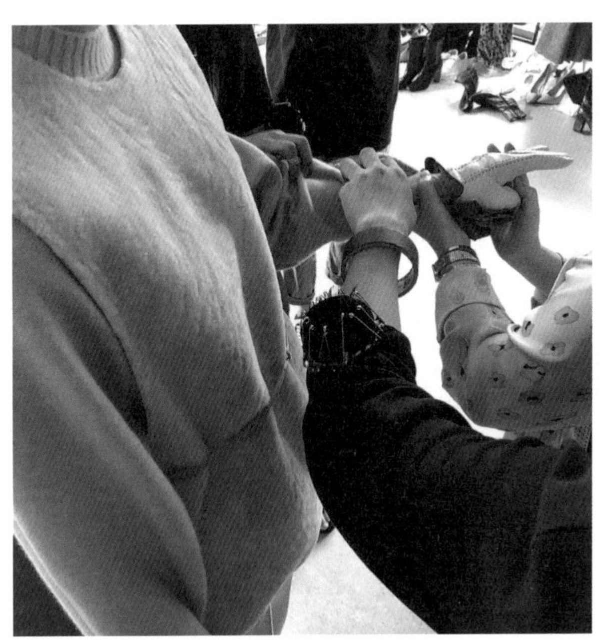

패션 디자이너는 다양한 분야로 나누어져 있다. 크게 옷을 만드는 분야와 옷 이외의 가방, 슈즈, 액세서리 등을 만드는 분야가 있다.

먼저 옷을 만드는 디자이너를 말하자면 우븐 디자이너와 니트 디자이너가 있고, 소재 기획을 하는 소재 디자이너로 구분된다. 나 역시 입사 전까지는 이렇게 세세하게 구분되어 업무가 진행되는지 잘 몰랐다. 모두 패션 디자이너 범주에 들어가지만 각기 그 영역마다 고유한 디자인적 지식을 요구하고 있어 업무 효율을 위해서 구분된다.

우븐 디자이너는 원단을 사용하는 디자이너를 말한다. 니트를 제외한 모든 아이템을 디자인한다고 생각하면 된다. 코트, 재킷, 바지, 치마, 드레스, 셔츠, 톱, 블라우스 등 직물을 사용해서 디자인한다. 우븐 디자인의 핵심은 원하는 소재에 어울리는 실루엣을 찾는 것이다. 니트가 원하는 소재를 직접 찾는다면 우븐은 직조된 원단에서 시작한다. 그 차이점은 크다. 자신이 디자인하고 싶은 아이템과 어울리는 원단을 잘 매칭해야 하므로 소재의 특성을 잘 표현할 줄 알아야 하고 옷의 구조적인 패턴의 이해도 역시 갖춰야 한다.

니트 디자이너는 원사를 사용하여 니트 톱, 카디건, 니트 드레스, 니트 아우터 등 니트 소재로 짜임을 만들고 디자인한다. 이렇게 니트 디자이너는 디자인의 시작이 될 수 있는 소재부터 만들어 나가는 매력이 있다. 보통 니트 디자이너는 원사로 짜임을 연구하기 때문에 다양한 짜임과 패턴을 동시에 디자인한다. 조직에 대한 지식이 필요하고 편직 방향과 탄성의 정도에 따라 원하는 실루엣을 만든다고 생각하면 된다.

또 소재에 따라서 그 성질이 잘 보이도록 조직의 외관과 밀도를 조절한다. 편직의 각도에서 나오는 여러 가지 시도가 니트 디자인만의 즐거움이다. 예를 들어 최고급 실크 캐시미어로 디자인한다면 부드러운 터치가 사는 조직으로 심플한 디자인을 할 수 있다. 반대로 컬러풀하고 청키한 니트 풀오버를 만들고 싶다면 다양한 통사와 혼용된 얇은 원사로 올록볼록한 조직을 만들어 낼 수 있다.

트렌드에 따라 우븐과 니트가 혼합되어 있는 디자인도 많으니 디자이너라면 둘 다 익혀서 넓은 디자인의 세계를 펼칠 수 있으면 좋겠다. 디자인실에는 우븐, 니트, 액세서리 디자이너가 모두 있으니 배울 기회는 많을 것이다.

소재 디자이너는 브랜드에 맞는 다양한 소재를 기획하는 디자이너를 말하며 코트, 재킷, 하의, 이너, 드레스 등 아이템에 따른 소재를 디자인한다. 소재 개발을 직접 하기도 하고 원단 업체에서 개발된 소재를 선택하여 디자인한 옷과 어울리는 소재를 매칭한다.

가방 디자이너는 모든 종류의 가방과 지갑을 만드는 디자이너이다. 가죽의 특성을 잘 이해해야 하고, 금속 장식을 개발하며, 셰이프Shape에 대해 연구를 해야 한다.

슈즈 디자이너는 말 그대로 모든 종류의 신발을 디자인한다. 트렌드에 맞춰 굽의 높이와 모양, 앞 코의 셰이프를 연구하고 소재도 개발도 한다.

액세서리 디자이너는 머플러, 스카프, 패션 주얼리까지 모든 액세서리를 디자인하며, 컬러 기획을 하는 컬러 디자이너도 있다. 컬러 디자이너는 시즌에 중요하게 작용할 컬러를 찾고 디자인한 옷에 맞는 컬러를 매칭한다. 예를 들어 원피스 디자인에 블랙을 넣을지 아이보리를 넣을지 컬러 디자이너가 제안한다. 그리고 매장의 컬러 구성과 시즌에 선보일 키 컬러 또한 제안하는 역할을 한다.

디자이너와 밀접한 직업들

모델리스트 패턴사, Modelist

디자이너가 구상하는 스케치를 바탕으로 옷본 패턴 을 제작하는 전문가를 말한다. 쉽게 말해서 옷을 현실화하는 과정을 자세하게 표현한다고 생각하면 된다. 스케치는 마치 건축의 설계도와 같아서 동일한 그림이라도 모델리스트의 생각에 따라 다르게 표현될 수 있다. 옷의 구조적인 테크닉을 디자인에 녹이는 역할이라 디자이너와의 소통이 중요하다. 그리고 디자인의 작업지시서의 테크니컬적인 부분을 채워서 생산을 가능하도록 만든다.

한국에서는 모델리스트와 패턴사를 혼용해서 부른다. 디자이너의 멋진 스케치를 현실화시키는 역할이라서 전문적인 지식과 경험이 있어야 하므로 뛰어난 모델리스트는 여러 디자이너 브랜드에 스카우트되어 다닌다. 그래서 디자이너와 굉장히 긴밀한 관계에 있고 모델리스트의 실력이 곧 브랜드의 고급스러움으로 나타나기에 정말 중요한 역할을 한다.

프랑스의 쿠튀리에Couturier 출신들은 대부분 훌륭한 모델리스트였으며, 피에르 발망Pierre Balmain, 크리스티앙 디오르Christian Dior도 동시에 모델리스트라고 할 수 있다.

봉제사

패턴사가 만든 옷본으로 재단해서 봉제하는 사람을 봉제사라고 한다. 옷을 만드는 패턴은 상당히 복잡한 조각들로 이루어져 있어서 상세한 작업 지시와 함께 봉제사의 역량에 따라 견본의 퀄리티가 달라질 수 있다. 오랜 경력과 숙련된 작업으로 평가받는 직업이라 연륜이 많은 사람들이 대부분이다. 미래에 컴퓨터로 대체할 수 있는 직업이라고 할 수 있으나 오트쿠튀르의 영역에서는 훌륭한 봉제사 없이는 불가능할 것이다.

캐드사

수작업으로 만든 패턴을 컴퓨터에 입력하게 되고 캐드CAD 프로그램을 통해 2차 작업을 하게 된다. 이때 사이즈를 늘리고 줄이는 작업을 하게 되는데 이것을 그레이딩Grading이라고 한다. 그레이딩의 의미는 패션에서는 한 가지 사이즈로 된 견본을 브랜드마다 각 사이즈 체계에 따라 확대하거나 축소하는 작업이다. 쉽게 말해 견본이 사이즈 55라면 그레이딩을 거쳐서 44와 66 사이즈로 캐드 작업한 패턴을 생산 공장에 보내는 것이다.

편직기사

니트를 편직하는 사람을 뜻한다. 컴퓨터 기계가 도입되지 않은 시기에는 편직기사가 니트 기계의 바늘을 수동으로 조작하여 편직을 했다. 아직 수동 편직을 하는 곳도 있으나, 지금은 대부분 컴퓨터 프로그램을 통해서 편직을 하는데 다양한 조직과 옷의 패턴을 동시에 알아야 하는 역할이다. 대학에서 전공으로 편직 프로그래밍을 다루기도 한다. 니트의 견본을 만들기 위해 가장 중요한 역할을 하고 소재의 조직감과 패턴사의 역할을 동시에 할 수 있어 전문적인 지식과 노하우가 필요하다.

생산관리자

생산에 관한 모든 스케줄을 관리하고 공정을 감시하는 역할이다. 견본이 픽스된 다음의 과정을 관리해서 기획된 날짜에 매장에 출고할 수 있도록 일정을 체크하는 동시에 공장에서 만들어온 샘플을 디자이너와 함께 확인하여 생산 공장에 지시한다. 생산과정의 전문성을 익히고 효율을 책임져야 하는 역할이라 분야별 커뮤니케이션도 능통해야 한다.

머천다이저 Merchandiser

약자로 'MD'라고도 한다. 상품화 계획, 구매, 가공, 판매 등을 결정하는 사람을 일컫는다. 머천다이저도 분야에 따라 직무 차이가 다소 있는데, 대부분의 MD는 어떤 소비자를 대상으로 기획할 것인가를 설정하고 판매 실적 및 동향자료 등의 시장 정보를 분석한다.

분석한 자료로 픽스된 샘플의 가격과 함께 생산 시기, 생산의 수를 기획한다. 이 밖에 생산에 필요한 문제를 검토하고 영업 담당자와 판매원에게 상품의 특성을 알려 주고 판매 촉진 계획을 세운다. 사업의 전반적인 구색과 비용을 담당하므로 정확한 사업 방향성을 가져야 한다.

비주얼 머천다이저 Visual Merchandiser

약자로 'VMD'라고 한다. 브랜드 콘셉트에 맞춰 제품을 전시하는 등 매장 전체를 꾸미는 직종을 말한다. 매장을 오픈할 때 어느 위치에 어떤 콘셉트로 구성하고 배치해야 효과적인지를 전반적으로 판단하는 직업이다. 만들어진 상품을 매장의 행거링, 마네킹이 입고 있는 착장 등을 통해 가장 효과적으로 보이게끔 하는 역할이므로 우리가 매장을 방문했을 때 브랜드의 첫인상은 이들이 만든다고 해도 과언이 아니다.

바이어 Buyer

국내에서는 해외 패션 브랜드의 상품을 수입하는 역할을 말한다. 시장 정보를 통해 국내에서의 어느 정도의 판매 실적이 가능할지를 검토하고 수량과 수입 시기를 결정한다. MD와의 역할이 비슷하기는 하지만 제조과정이 생략되어 있기 때문에 발주 시기와 입고 시기의 기획에서 다르다고 할 수 있다. 보통 바이어는 해외 패션 브랜드와의 의사소통이 중요하므로 영어 업무가 가능해야 한다.

패션 마케터 Fashion Marketer

마켓 리서치를 통한 판매 촉진을 기획하는 역할이다. 시즌 광고, 월별 프로모션 등 브랜드에서 홍보물을 기획해서 소비자에게 브랜드를 알린다. 잡지 화보, 연예인 협찬, SNS 마케팅 등 브랜드의 상품을 소비자에게 알리는 역할로 갈수록 중요시되는 영역이다.

소셜 매니저 Social Manager

다양한 SNS 플랫폼을 이용해서 콘텐츠를 만들고 홍보한다. 요즘은 브랜드를 홍보하는 수단이 지면 광고보다 소셜 미디어를 통한 광고가 대부분이라서 새로운 콘텐츠 개발이 곧 브랜드의 과제이다. 이를 해결해주는 소셜 매니저는 오늘날 정말 필요한 직종이다.

2 패션 디자이너의 자격

패션 디자이너가 되려면 어떤 자격을 갖추면 될까? 인내와 끈기와 성실함이 필요하다는 것은 모든 직업에 필요한 덕목일 것이다.

우리나라 대학생이면 모두가 한 번쯤은 토익이나 토플 시험을 봤을 텐데 나는 한 번도 시험을 본 적이 없다. 그렇다고 면접을 볼 때 누구도 나에게 영어 점수를 요구하지 않았다. 패션 디자이너를 뽑을 때 언어 시험은 절대 필수 요소가 아니다. 디자이너를 꿈꾸는 학생이라면, 외국어가 특기가 아닌 이상 스펙을 위해 굳이 영어 시험에 매달릴 필요가 없다.

또한, 디자이너 중 미술 전공자들이 많기는 하지만 나처럼 특별히 전공자가 아니더라도 진학하고 취업하는 데 전혀 무리가 없다. 대신 그림 그리는 것을 좋아한다면 조금은 더 수월할 수는 있다.

어릴 때 시중에 나와 있는 종이 인형을 사는 것보다 내가 직접 그려서 이것저것 입혀보며 노는 것을 좋아했다. 그리고 미술 시간을 참 좋아했는데 학교에서 수채화와 유화를 그리는 수업이 있으면 집에 와서도 여러 번 다시 그려 보면서 즐거워했던 기억이 있다. 잡지 모델을 재미 삼아 따라 그려 보는 것도 큰 재미였다. 잡지 모델의 착장이 맘에 들지 않을 땐 다른 옷으로 바꿔 그려 보곤 했다. 그 당시 나에게 그림 그리기는 하나의 놀이였던 것 같다.

다시 본론으로 들어가서 패션 디자이너의 자격이라면 그저 패션을 좋아하면 된다. 옷을 좋아하면 되고 그 마음이 발전하여 만들고 싶은 욕구만 있으면 누구나 가능하다.

누구나 될 수 있고 할 수 있다는 것은 너무 막연한 소리일 수도 있다. 대신 패션 디자이너가 되기 위해 갖추면 좋을 것들은 분명히 있다. 디자인을 잘하기 위해 스스로 준비할 것들과 가지면 좋을 습관을 간략하게 소개하려고 한다. 특별히 어렵지 않아서 조금씩 쌓아가면 디자이너의 입문에 반드시 좋은 결과를 줄 것이다.

Q1
패션 디자이너로서 갖춰야 할 자질은 무엇인가요?

너무 당연한 이야기이지만 옷을 사랑해야 한다. 그리고 항상 트렌드에 민감해야 하고 남보다 앞서 생각하는 습관을 갖는 것이 중요하다. 패션의 영감은 단순히 좋은 옷에서만 받는 것이 아니라 미술과 건축, 음악 등 다양한 예술에서 영향을 받을 수 있다. 다시 말하면 언제나 세상에 관심이 열려 있고 아름다움을 쫓는 일에 익숙해져 있는 사람이 업을 갖기에 가장 적합하지 않을까 싶다.

나만의 자료를 만드는 것에도 익숙해져야 한다. 단순히 메모도 좋지만 나만의 기록하는 습관을 갖도록 하자. 사진을 찍어두어도 좋고 영상으로 기록해도 좋다. 유튜브, 인스타그램 등의 SNS를 이용해서 기억을 남기는 것도 하나의 방법이 될 수 있다. 나는 달력이 있는 수첩을 사용하는데 단순히 일정도 체크하고 작은 스케치도 남겨 놓는다. 한 해가 지난 후에 꺼내보면 마케팅 시기와 광고 시기에 참고할 수 있어 스스로에게 매우 큰 도움이 된다. 이런 기록들이 나를 표현하고 내가 원하는 것들을 알려준다.

핀터레스트Pinterest에 저장되어 있는 사진만 봐도 그 사람의 취향을 알 수 있다. 어릴 적 나는 책을 읽거나 영화를 보고 나면 항상 감상문을 썼다. 행여 시간이 없을 때는 제목, 작가, 감독 이름 정도만이라도 써놨다. 또는 레스토랑에서 멋지게 플레이팅 된 요리를 보게 되면 반드시 사진을 찍어두었다가 집에 돌아와 직접 만들어 보기도 했다.

이렇듯 디자이너라는 직업을 갖기 전부터 나는 어떤 성향을 가진 사람이며 무엇을 좋아하는지를 스스로 파악해보는 것이 좋다. 이후 디자이너가 돼서도 나를 알면 디자이너의 일이 고되더라도 참을 수 있다. 나를 알아야 고쳐나갈 수 있고 바꿀 수 없으면 다시 찾으면 된다.

일하다 보면 내가 뭘 좋아하는지 모르는 디자이너들이 있다. 생각보다 많다. 일에 지쳐 매너리즘에 빠진 것인지 좋아하는 것이 없는지는 모르겠으나, 취향이 없는 사람은 오래 일하지 못한다. 금방 힘들어지고 괴로워진다. 강한 개성 때문에 브랜드가 안 맞는다면 다른 브랜드를 찾으면 되고 없으면 만들면 된다. 내가 무엇을 만들고 창조하는 데 주저함이 없는 사람인지 생각해보자. 지금은 좀 어렵더라도 취향을 하나하나 모아 언제나 무언가를 만들어야 하는 일에 지치지 않도록 준비하자.

Q2
적합한 성격이 있나요?

디자이너란 새롭게 무언가를 만들어 내는 사람이다. 창의적인 사람이라면 아주 좋은 성향이라고 할 수 있다. 굉장히 창의적이지 않더라도 호기심이 많은 성격이라면 도움이 될 수 있다. 게다가 트렌드에 예민하다면 더욱 디자인하기가 수월할 것이다.

작든 크든 만들기를 좋아하고, 열정적이고, 호기심이 많으면 디자이너에 적합한 성격이다. 예를 들어 청담동에 새로운 매장이 생겼다면 찾아가 본다거나 유명한 전시가 열렸을 때 당장 가서 관람하는 열정도 필요하다. 세계적인 디자이너가 책을 출간했다면 서점에서 책을 찾아보고 구매하는 열정, 나라별 패션위크 때 해외출장을 갈 수 없더라도 온라인을 통해서라도 관심을 보이는 열정이 필요하다. 이렇듯 언제나 새로움에 대한 궁금증과 갈망이 있어야 한다. 그런 열정이 있어야 옷을 만들 수 있다.

하나의 옷을 만드는 것은 생각만큼 간단하지 않다. 내가 원하는 옷이 최종 완성되기까지 여러 사람에게 의도를 설명하고 설득해야 하는 과정이 있기 때문이다. 그래선지 오래 일한 디자이너들은 생각보다 부지런하고 열정적인 사람들이 대부분이다. 우리나라같이 사계절이 뚜렷한 곳은 옷이 출시되는 시기가 민감하고 날씨의 영향을 많이 받아서 미리 기획해놓지 않으면 큰 낭패를 볼 수 있다. 물론 패션쇼를 하는 브랜드도 시즌과 시즌 사이에 프리 컬렉션 Pre Collection 까지 준비해야 하니 스케줄을 맞추려면 한시도 쉴 틈이 없다.

Q3
그림을 꼭 잘 그려야 하나요?

디자이너에게 그림이란 자신의 디자인을 잘 표현하기 위한 수단으로 기본적인 그림 실력이 있다면 매우 유용하다. 하지만 잘 그릴 필요는 없다. 자신만의 스타일로 프로포션 Proportion 정도만 잘 보이도록 그려서 누구나 이해할 수 있으면 된다.

특히 디자이너가 모델리스트와 소통할 때는 단순한 도식화 스타일로 보여주게 된다. 한국에서는 보통 도식화로 디자인을 표현하기 때문에 멋진 그림 실력보다는 누구나 이해할 수 있는 표현 정도만 익히면 된다. 자신의 그림 실력이 부족하다고 생각된다면 다양한 도식화를 따라 그리는 연습을 해보자.

회사에서 일하다 보면 바쁘다는 핑계로 일러스트보다는 도식화만 그리기 쉽다. 하지만 가끔이라도 일러스트를 그려 보면서 전체 실루엣을 생각해보는 것은 많은 도움이 된다. 패션 디자이너 거장들이 괜스레 멋진 일러스트를 그리는 이유가 있다. 크고 과감하게 자주 일러스트를 그리다 보면 실력은 향상될 것이다. 그리고 학생이라면 평소 학교에서 일러스트를 그리는 연습을 꾸준히 하고 포트폴리오까지 만들어 보면 어느덧 익숙해져 있을 것이다.

참고로 나는 미술 전공자가 아니다. 그렇다고 예고를 나오지도 않았다. 그냥 어릴 때부터 틈만 나면 하루 종일 엎드려서 검정 볼펜을 쥐고 A4 용지에 그림을 그리며 놀았던 것 외에 특별한 미술 교육을 받은 적이 없다. 게다가 파리유학 시 포트폴리오의 모든 과정을 혼자 준비했다. 당시 한국의 입시 학원에 다니거나 유학원에 도움을 받지 않고도 합격하는데 전혀 문제가 되지 않았다. 하지만 이듬해 다른 한국 유학생은 불합격했다. 이유는 그 친구의 포트폴리오가 한국 입시 학원에서 준비한 느낌이 나서 진부하고 구식이라서 우리 학교와는 맞지 않는다는 평가를 받았기 때문이었다.

이렇듯 틀에 박혀 내가 없는 그림은 서툴고 거친 것보다 못할 수 있다. 그림을 잘 그리지 못해 실망하거나 꿈을 포기하진 말자. 무엇보다 디자이너가 되고 나면 매일 그림을 그리기 때문에 디자인 업무를 보는 정도의 실력은 저절로 향상될 것이니 걱정하지 않아도 된다.

Q4
외국어를 잘해야 하나요?

패션 디자이너의 직업상 외국어를 꼭 잘해야 할 필요는 없다. 외국어는 일을 도와주는 수단에 불과하다.

해외출장을 가거나 해외 원자재 업체를 방문할 때 외국어를 써야 하는 경우들이 있다. 그럴 때면 상대방과 가볍게 인사 정도 나누는 매너는 필요하다. 주뼛주뼛하는 모습은 자신이 없어 보이고 만약 원하는 것이 있을 때 제대로 표현하지 못하면 손해일 테니 말이다.

나의 경우 일 년에 2~3번 정도 런던, 파리, 밀라노, 피렌체를 번갈아가며 출장을 갔다. 원사 전시회에서 바이어를 만나 간단하게 인사하고, 원사 퀄리티 설명을 듣고, 맘에 드는 것을 선택하는 정도 외국어를 사용했다. 이때 유창한 영어 실력이 있다면 즐거운 잡담도 함께 곁들일 수 있겠지만, 어차피 출장이고 상담시간이 정해져 있어서 일정이 매우 바빠 그럴 시간도 없다. 게다가 한국인 에이전시가 항상 동행하기 때문에 설사 뛰어난 영어 실력이 있다 하더라도 뽐내기는 어려울 것이다.

다만, 디너파티에 초대를 받는 일이 종종 있는데 이때 유창한 영어 실력이 도움될 수는 있다. 어차피 내 성격으로는 초면의 경우 한국어로도 대화가 쉽진 않아서 영어를 잘해도 소용없었을 것 같다. 영어단어 몇 개만 가지고도 충분히 자신 있고 당당하게 표현할 수 있다면 충분하다.

파리 출장은 주로 시장조사와 액세서리 바잉을 하러 간다. 이때는 그나마 유학 때 배운 불어를 요긴하게 쓰긴 했지만 요즘 프랑스인들은 영어가 매우 유창해서 간단한 영어로도 충분히 바잉 업무가 가능하다. 그리고 서류적인 업무는 바잉 엠디의 몫이므로 디자이너는 간단한 회화면 충분하다.

반면에 불어 실력을 발휘할 수 있는 곳은 레스토랑이었는데 칠판에 쓰여 있는 메뉴를 잘 읽을 수 있고 어떤 식자재로 요리했는지 잘 알 수 있었다. 프랑스는 아직도 칠판에 메뉴를 쓰는 경우가 많고 영어 메뉴판을 봐도 식자재는 불어로 적혀 있었기 때문에 편리했던 것 같다. 이처럼 외국어를 잘하면 업무에 큰 도움까지는 아니지만 문화를 즐길 좋은 기회가 많아진다.

또 트렌드 정보지, 해외 잡지, 예술 서적 등이 대부분 영어나 프랑스어로 된 경우가 많다. 간혹 번역본이 있긴 하지만 대부분 직수입한 것이 많으니 외국어를 알고 있다면 좀 더 깊이 있는 정보를 얻을 수 있을 것이다.

글로벌 시대라고는 하지만 여러 가지 번역 툴이 발달해 있으니 불편할 것이 없는 시대이다. 우리가 외국을 나갔을 때 우리나라의 말을 써주는 외국인을 만나면 반갑고 배려받는 느낌을 받는다. 그렇다고 본질이 흐려질 정도는 아니라서 유창한 외국어 실력이 꼭 필요하지는 않다.

그래서인지 패션 회사에서 영어 시험 점수를 요구하는 곳은 보지 못했다. 특히 디자이너를 뽑을 때는 더욱 중요하지 않다. 외국어 능력이 너무 떨어진다고 스트레스를 받으면서까지 억지로 공부할 필요는 없다. 차리리 그 시간에 내가 원하는 공부를 더 하는 것이 좋을 것 같다. 아니면 해외여행을 다니면서 영어 울렁증을 살짝 걷어내면 어떨까 싶다.

아무리 이력서의 스펙이 중요한 세상이라지만 만약 외국어에 자신이 없거나 부담이라면 외국어 능력 향상을 위해 물리적인 시간과 노력에 무조건적으로 투자하지 말자. 그 시간에 다른 능력을 키우는 것이 훨씬 업무에 도움이 될 테니 말이다.

Q5
해외 유학을 꼭 다녀와야 하나요?

해외 유학은 하나의 선택이다. 국내에도 패션 디자이너가 될 수 있는 여러 교육 기관이 있다. 대학에서 패션을 전공할 수도 있고, 에스모드나 SADI 같은 패션 전문학교도 있다.

나는 고등학교를 졸업하고 대학 입시를 준비하다가 유학을 간 케이스이다. 어릴 때부터 프랑스에서 유학하고 싶던 차에 스튜디오 베르소Studio Berçt 라는 프랑스 학교를 알게 되어 바로 유학을 결정했다. 참고로 스튜디오 베르소는 주입식 교육을 철저히 배제한 개인의 창조적 실험성과 파격을 강조하는 학교로 이자벨 마랑 등 세계의 유명 디자이너들을 배출한 것으로 유명하다.

패션의 본고장인 파리에서 공부하면 더 쉽게 패션을 이해할 수 있다고 생각했다. 그리고 내가 유학을 갔던 때는 지금으로부터 20년도 전이므로 많은 도움이 됐을지도 모르겠다. 그 당시에는 직접 가지 않으면 볼 수 없었고 느낄 수 없는 것들이 많았다. 그때는 매체가 발달하지도 않았고 특히 국내에는 해외 브랜드가 지금처럼 많이 들어와 있지 않았다. 그래서 그 당시 유럽은 확실히 달랐다.

요즘 유럽을 가면 특유의 정취와 아름다움은 여전하지만 우리나라와 비교했을 때 큰 차이를 못 느낄 정도이다. 물론 우리나라에는 존재하지 않는 헤리티지가 있는 브랜드를 경험하고 싶다면 유학이 필요할 것이다. 그러나 그 나라, 그 도시에서만 볼 수 있고 느낄 수 있는 것을 지금은 모두가 동시에 볼 수 있고 단 며칠이면 만질 수 있다. 현재 한국은 패션산업도 매우 선진국이므로 예전처럼 유학이 최고의 선택이라고 생각하지는 않는다.

1980~1990년대는 유학생이라는 그 자체만으로도 메리트가 있었던 시절이었다. 그 당시 유학생들은 희소성으로 인해 어디든지 취업할 수 있었고 해외 브랜드를 국내에 소개하기도 하고 패션계의 중역을 차지하는 것도 어렵지 않았다.

내가 디자이너로서 일을 처음 시작했던 2000년대 초반에는 유학생에 대한 선호도가 그리 높지 않았다. 예전에 비해 유학생의 수도 많아졌고, 유학생은 한국시장에 적응이 느리고 이직도 많다고 생각해서인지 입사가 훨씬 힘들던 시기였다. 나는 졸업한 스튜디오 베르소의 학교장 추천으로 다행히 면접 기회라도 잡을 수 있어 입사할 수 있었다.

유학은 다른 세상을 배우는 경험 자체만으로 삶을 풍요롭게 해준다. 하지만 이것도 각자의 방식과 경험에서 우러나오니 선택일 뿐이다. 유학은 그 나라의 문화와 언어, 다양한 경험을 배우기 위해서는 아주 좋은 선택이지만 패션 디자이너 입문에 중요한 요소가 되지는 않는다.

Q6
나이 제한이 있나요?

한국에 돌아와서 입사했을 때가 26살이었다. 지금 생각하면 어린 나이인데 그 당시에는 신입치고는 나이가 많다고 했다. 그런데 요즘 입사하는 신입사원의 나이를 보면 30살 넘는 경우도 허다하다. 디자인 업계뿐만 아니라 모든 직군의 첫 시작이 늦어지는 추세이다. 여러 스펙을 쌓기 위해 입사할 때까지 학교 졸업을 하지 않는 현실을 모르는 것은 아니지만 또 그러다 보면 나이 제한을 걱정한다. 또 누군가는 너무 일찍 회사생활을 해서 다른 경험을 하겠다고 떠나가도 한다.

디자이너이기 전에 회사원이기도 해서 회사문화에 조직문화까지 적응해야 하는 것이 현실이다. 나도 입사 초기에는 디자이너가 디자인만 잘하면 되지 너무 답답했다. 조직 문화가 나이에 민감한 이유가 뭘까 고민하다 보면 무한 경쟁의 완충 작용이라고 할 수 있다. 위계질서가 중요한 기업일수록 이런 조직 문화가 발달 되어 있다. 팀으로 이루어져 결과를 내는 부서도 분기별 성과의 측정이 애매한 부서도 많다.

이렇듯 많은 인원을 등급으로 나누고 공평하게 평가하기 위해서는 기준이 필요하다. 말도 안 된다고 하겠지만 나이도 어느 정도 기준이 된다. 성과와 경력, 나이까지 참고하여 승진하는 것이 현실이다. 입사할 때는 나이가 어려야 좋지만 승진할 때는 나이가 많은 편이 유리하다. 나 역시 위계질서가 중시된 조직문화를 이해하기까지 수년의 세월이 걸렸다. 하지만 생각보다 변화의 속도는 빨라서 종종 파격 인사라는 뉴스를 접하게 되는 것을 보면 앞으로 많이 달라질 것이다. 이 글을 읽는 독자가 취업해서 승진할 때는 나이의 걸림돌이 전혀 없기를 바란다.

Q7
어떤 준비를 해두면 좋을까요?

다양한 예술 분야에 관심을 가져보자. 패션이라고 해서 옷에서만 영감을 받는 것은 아니다. 서양의 역사, 동양의 역사, 미술, 건축, 음악, 영화 어디에서나 영감을 받을 수 있다. 예술에 관심이 있는 사람은 패션 디자이너가 되어서도 아이디어가 쉽게 고갈되지 않는 자양분을 얻을 수 있다.

나는 학창시절에 미술 서적을 보는 것을 좋아했고, 해외 잡지나 영화 잡지에 푹 빠져 살았다. 어린 시절은 피카소의 그림 접시가 좋아서 수십수백 번을 보았고, 고등학교 때는 수학 문제를 풀다가 지겨우면 파리 패션쇼가 실려있는 잡지를 보면서 머리를 식히곤 했다. 그리고 프랑스 누벨바그 영화를 시작으로 60년대 히치콕 영화와 80~90년대의 대만, 홍콩 영화를 섭렵했었다. 그 시절 신문의 패션 칼럼과 영화 잡지의 기사를 스크랩해서 모아둔 것들이 아직도 부모님 집에 가득하다. 이런 것들은 좋은 취미도 될 수 있지만, 관심을 두고 하다 보면 시야를 넓히는 수단이 되어주곤 한다.

주변에 쉽게 즐길 수 있는 어떤 것이라도 좋으니 호기심과 관심을 갖고 키워가는 연습을 해보자. 언젠가는 그런 것들이 쌓여 나의 취향이 되고 트렌드를 읽는 힘이 된다. 감각 있는 디자이너가 된다는 것은 어느 날 갑자기 찾아오는 것이 아니니 미리 준비해두면 좋겠다.

QUANDO HO
OBIETTIVO ERA
AMMIRAZIONE
I COMFORT
PER CIÒ CHE È
DOVE VOLEVO
LA VITA DI
UNA
VENTAGLIO DI
WARHOL,
AUTO-IMPOSTE,
CHE LO STATUS
JUAN
ERA SOLITO
NEGLI ANNI
ADOLESCENZA
DA BALLO
SCHIZZI
ENTUSIASTA
PARLARE DEL
RIPETERE DUE
ABITI FLUIDI,
I VESTITI DI
CASO LA
PER LIMO, LA
HO
GIACCA DI
DI ESSERE STATO
MA PENSAVO
LA MODA
IN LUCE UNO
PUÒ ANCHE
UN INSIEME DI
GLI ABITI DI
E ALLA
CANONE CHE IO
PER ASSURDO,
TEMPO DI
LA BELLEZZA È
E INGIUSTE CHE
UN CORPUS DI
ESEMPIO DI
LE GENERAZIONI
/ RICK OWENS

3 패션 디자이너의 일터

패션 디자이너의 일터는 디자인실이다. 디자인실의 모습은 사실 영화나 드라마처럼 아름답기 힘들다. 내가 속한 브랜드는 인원이 많고, 각자 사무직에 비해 넓은 책상과 자리를 갖고있지만 업무의 특성상 깔끔하게 정리되기가 쉽지 않다. 품평을 한번 하고 나면 50~60벌이 생기고 지난 품평을 위해 만든 옷까지 디자인실에 있으니 몇백 벌을 걸어 두고 살아야 한다. 게다가 각자의 자리에 쌓인 가봉과 부자재, 작업지시서, 쓰고 남은 원단, 바닥에 쌓여있는 원사까지 치울 엄두가 나지 않을 정도로 물건이 많다. 그래서 촬영 요청이 들어오면 곤란해서 거절할 때도 있었다. 몇 번씩 자리 이동이 있어 이사할 때면 약간 정리되는 듯싶다가도 금방 지저분해진다.

어느 디자인실에나 그렇듯 디자이너 한 명당 가봉을 보는 바디 하나 이상은 모두 갖고 있다. 우븐 디자이너는 상, 하의 바디가 필요하고 니트 디자이너는 니트 스와치를 붙일 수 있는 커버가 씌워진 바디가 필요하다. 슈즈 디자이너는 신발 모양의 라스트라고 불리는 모형을 수도 없이 갖고 있다. 디자이너 각자의 물건도 많지만 공용으로 사용하는 참고 자료도 많고 다달이 쏟아지는 상품들로 디자인실은 항상 빼곡히

들어차 있다.

자유롭게 가봉을 보는 장소엔 무용실에 있을 법한 대형 거울은 필수다. 그곳에서 가봉도 보고 Q.C도 본다. 거울 앞은 모델에게 입혀서 실루엣도 보고 착장도 맞춰 보는 곳으로 거울 앞에서 꽤 많은 시간을 보낸다. 어느 디자인실이든 들어가면 대형 거울 앞에 가봉을 보는 디자이너를 흔히 볼 수 있다.

커다란 대형 테이블도 어느 디자인실에 꼭 있다. 모여서 회의를 하는 장소이기도 하지만 다양한 역할을 한다. 테이블 위에 옷이나 원단을 올려놓고 체크하기도 하고, 다양한 부자재를 고르기도, 겨울이면 각종 가죽과 털을 펼쳐놓기도 한다.

이 정도면 디자인실의 현실적인 모습이 그려졌으리라 생각된다. 다양한 업무를 보는 장소이기도 해서 생각보다 아름답다고 할 순 없지만 다른 직업의 공간과는 확연한 차이가 있다.

Q1
디자인실 총인원은 몇 명이고 구성은 어떻게 되나요?

디자인실의 인원은 브랜드 규모에 따라 다르다. 정해진 인원 수는 없고 브랜드의 상황에 따라 천차만별이라고 할 수 있다. 기본적인 구성이라고 하면 우븐 디자이너, 니트 디자이너, 소재 디자이너, 컬러 디자이너, 아트 디자이너, 엠디가 있다. 브랜드 성향에 따라 디자이너의 인원 구성이 달라진다. 보통은 우븐 디자이너의 수가 가장 많다. 브랜드 규모가 클수록 브랜드 고유의 프린트를 개발하는 아트 디자이너가 소속되어 있을 수 있다.

신진 디자이너의 개인 브랜드일 경우, 보통은 디자이너 한 명이 혼자 시작한다. 모든 일을 혼자 하는 어려움은 있지만 처음 시작하는 브랜드에서는 흔히 있는 일이다. 그렇게 브랜드가 점차 커지면 보통은 디자이너 어시스턴트가 있고 마케팅이나 생산 스케줄을 담당해주는 사람도 생겨나며 원단이나 원사 기획을 위한 소재 디자이너도 생겨난다. 더 커지면 패턴실과 개발실도 만들게 될 것이다. 이렇게 점차 브랜드가 커지면서 소위 말하는 유명 브랜드가 된다. 예를 들어 한섬에 타임이나 시스템 같은 브랜드는 디자인실 인원이 30명은 족히 넘는다.

Q2
얼마나 많은 사람과 협업하나요?

옷 한 벌을 만들 때 디자이너가 디자인해서 샘플을 만드는데, 그 샘플을 만들기 위해 여러 사람들과의 협업이 필요하다.

예를 들어 프린트가 있는 드레스를 디자인한다고 생각해보자. 먼저 디자이너가 어떤 실루엣을 디자인할지 고민하고 소재 디자이너와 어떤 소재로 가봉을 볼지 상의를 한다. 그리고 아트 디자이너와 프린트에 대한 방향을 논의하고 아트 디자이너가 프린트를 만든다. 그 프린트를 어떤 소재에 찍어야 가장 적합할지 소재 디자이너와 함께 고민한다. 원단에 프린트되면 디자이너는 어울리는 디테일을 표현하여 최종 완성한다.

그리고 만드는 과정도 생각해보자. 디자이너가 그림을 그려서 패턴 디자이너에게 설명하고, 패턴 디자이너는 그 그림으로 실루엣을 찾아 패턴을 만든다. 다음은 봉제사가 패턴에 맞춰 원단을 재단해 디자이너에게 보여준다. 그때 디자이너가 본인이 의도한 대로 옷이 나왔는지 확인하고 피팅 모델에게 입혀보며 체크를 한다. 이 과정이 흔히 보는 디자이너들이 핀봉을 팔에 차고 꼼꼼하게 수정하는 과정이다. 수정할 부분은 다시 모델리스트에게 얘기하고, 모델리스트가 또다시 패턴을 수정한다. 그리고 봉제사가 완봉을 만드는 것으로 옷 한 벌이 완성된다.

이렇듯 한 벌의 옷을 만드는 과정은 수정의 반복이다. 고급스럽고 가치 있는 옷은 과정의 고민이 가득 담겨 있는 옷이기도 하다. 디자인은 디자이너가 하지만 옷 한 벌이 완성되는 것은 여러 사람의 노고가 깃들어진 일이다.

Q3
패션 디자이너의 성비는 어떻게 되나요?

아직까지 국내 디자이너의 성비는 여성이 80% 이상을 차지하는 것 같다. 여성복 브랜드의 경우에는 남성 디자이너가 많아야 1명 정도 있고, 남성복 브랜드의 경우 과반수가 남성이다. 이건 어디까지나 내가 경험하고 봐왔던 것이고 앞으로는 충분히 달라질 수 있는 부분이다. 패션 스쿨이나 대학에도 대부분 여성의 비중이 높고 디자인실도 거의 여자가 대부분이다. 비단 우리나라뿐 아니라 패션계의 여초 현상은 세계 어느 나라나 마찬가지이다.

패션이 주로 여성들에 의해 소비되어서인지 디자이너의 꿈을 가진 학생들도 여학생이 많다. 사실 여자가 남자보다 의류 소비에 있어 3배 더 많다고 한다. 아무래도 관심과 욕구가 많은 쪽에서 디자이너가 많이 나오는 것은 당연하다.

섬세하고 꼼꼼한 기질이 돋보이는 직업이므로 성향이 맞는다면 이보다 좋은 직업이 없다. 성향과 기질은 성별의 차이보다는 개인의 차이이다. 앞으로는 여성복 브랜드의 남성 디자이너가 더 많이 생겨나고, 남성복 브랜드에 여성 디자이너가 많이 생겨날 것으로 생각한다.

Q4
디자인실 외 일하는 곳이 있나요?

대부분은 디자인실에서 그림을 그리고 가봉도 보고 회의를 한다. 디자인한 그림을 설명하기 위해서 패턴실 또는 봉제실에 가서 설명하고 만드는 과정을 지켜보기도 한다.

디자이너는 생각보다 정적인 직업이라 일을 할 때는 디자인실을 벗어나지 않는다. 하루 종일 스케치하고 가봉 보는 일이 일과의 대부분이므로 점심시간 이외엔 밖을 나가는 경우가 없다.

외부업체의 방문도 많아서 미팅 또한 일과의 대부분을 차지한다. 출근해서 퇴근할 때까지 미팅과 컨펌의 연속이라고 해도 과언이 아닐 정도로 많은 협력사의 방문이 있다. 보통 부자재 업체 단추, 지퍼, 안감, 가죽 등 와 생산업체, 원단업체 등 협력업체들의 방문으로 디자인실은 늘 북적이는 편이다. 물론 회의실에서 미팅하기도 하지만 옷 상태를 보고 모델에 입혀보기도 해서 주로 디자인실에서 이루어진다.

특히 내가 있었던 브랜드는 주로 이탈리아 소재를 사용했는데 현지 소재 브랜드에서 일 년에 두 번 디자인실을 방문했다. 나도 이탈리아에 두 번 방문했으니 일 년에 총 네 번을 만난 것이다. 소재를 상담하는 시기는 일정이 정해져 있어서 비슷한 시기에 다양한 원자재 업체들이 방문하여 좋은 소재와 단가를 협의한다. 한국 에이전시와 이탈리아 본사 사람들이 함께 디자인실을 방문하므로 영어를 잘할 필요는 없다. 간단한 인사 정도만 나누고 빠르게 소재를 보면서 다음에 시즌에 발주할 아이템을 찾는다. 이때 프랑스와 미국 브랜드에서 어떤 소재를 발주했는지 정보를 들을 수 있다. 어찌 보면 일 년에 네 번이나 만나면 친구만큼 자주 보는 사이가 되어서 업무와 국적이 달라도 패션 업계에서 깊은 연대감이 생기는 사이가 된다.

생산 공장의 방문도 거의 매일 있다. 픽스된 옷의 설명을 듣기 위해 혹은 Q.C를 보기 위해 하루 종일 다양한 생산 공장에서 일하는 분들이 오고 간다. 잘 만든 샘플을 최대한 똑같이 매장에 걸리게 하기 위해서는 이들과의 협업이 매우 중요하다. 최고의 퀄리티는 유지하면서 생산성 또한 있어야 하므로 업체와의 조율과 컨펌은 필수이다.

오랫동안 일하다 보면 업체와의 연대감은 이루 말할 수 없다. 서로의 색깔을 누구보다도 잘 알아서 브랜드를 옮겨 다른 회사에 들어가도 다시 연락하면 믿고 만들어 주는 연대감이 쌓이는 것이다. 서로의 성공을 누구보다도 진실하게 바라는 상생의 관계가 생산업체와 디자이너이다. 이렇듯 디자이너는 혼자만의 능력을 표현하는 직업 같지만 많은 사람들과의 협업이 없으면 안 되는 일이다.

단, 내가 다닌 회사는 규모가 있어서 모든 업체의 방문이 디자인실에서 이루어졌다. 회사의 규모에 따라 반대로 직접 방문해서 상담해야 하는 경우도 있으므로 참고하자.

Hermès Sèvres 파리 플래그십 스토어

Q5
출장을 가기도 하나요?

패션 디자이너는 해외출장을 많이 다니는 직업 중 하나이다. 코로나 19라는 예외적인 상황이 아니라면 정기적인 해외출장이 있다. 브랜드와 경력에 따라 차이는 있겠지만 경력 디자이너는 한 해 적어도 해외출장을 두 번은 간다. 보통 2, 3월 그리고 9월에 유럽을 간다. 이 시기가 패션위크이기도 하고 대부분 모든 전시회, 박람회가 이때 열린다. 세계의 패션 종사자들이 이 시기에 모인다고 해도 과언이 아니다.

다자이너들은 파리, 런던, 밀라노의 플래그십 스토어와 백화점, 전시회, 박람회 위주로 시장조사를 한다. 출장 목적에 따라 시기와 나라가 정해지는데, 니트 디자이너는 1월과 6월에 피티 필라티 Pitti Filati 라는 피렌체에서 열리는 원사 박람회 일정에 맞춰 출장을 간다. 소재 디자이너는 2월과 9월에 프리미에르 비지옹 Premiere Vision 이라는 파리에서 열리는 원단 박람회를 기준으로 출장을 계획한다.

브랜드에서 액세서리나 스카프, 장갑, 신발을 수입할 때가 있다. 그리고 라이프 스타일 숍처럼 매장을 꾸미는 패션 브랜드도 많아 가구와 인테리어 소품을 바잉하기도 한다. 나도 브랜드를 론칭할 때 여러 가지를 시도해보려고 북유럽과 파리의 다양한 숍과 박람회를 샅샅이 찾아다녔었다.

기본적으로 파리의 옷과 다양한 액세서리를 바잉할 수 있는 프리미에르 클라스 Premiere Classe 라는 박람회와 가구와 인테리어 제품이 총망라되어 있는 메종 오브제 Maison Objet 라는 박람회 일정에 맞춰 출장을 기획한다. 보통 두 박람회의 시기가 거의 비슷하게 열리지만, 때에 따라 애매하게 날짜가 떨어져 있는데 이 경우 매우 곤혹스럽다. 체류일정을 너무 길게 잡으면 회사 업무에 차질이 생기기 때문이다. 그래서 7박 8일을 넘지 않는 일정으로 연초에 출장 계획을 잡는다. 출장은 반드시 품평날짜에 무리가 없는지 스케줄을 체크하고, 바잉 상품의 아이템을 선택한 후 박람회 도시와 출장 시기를 결정한다.

출장 일정 땐 3개의 도시는 기본으로 다니기 때문에 아침부터 저녁까지 빡빡한 스케줄로 정신없다. 그래서 이 도시에서 봐야 할 박람회와 숍의 동선을 짜는 것은 필수이다. 예를 들어 파리는 생토노레, 마레, 생제르맹 데 프레, 아브뉴 몽테뉴로 나누어 숍 위치에 따라 순서를 짜야 한다. 보이는 대로 왔다 갔다 하다 보면 시간을 버릴 수 있다.

중간에 다른 도시로 혹은 다른 나라로 떠나야 하는 일정도 있으니 출장에 여유가 없는 것은 사실이다. 그래도 저녁 시간이나 일요일의 낮 시간은 자유롭게 전시회도 보고 개인 일정을 즐기도록 노력했다. 유럽 출장이 처음이거나 자주 나오지 못하는 디자이너라면 가고 싶은 장소가 많기 마련이다.

출장지에서 일요일을 보내게 될 때면 나는 동선이 꼬여 가지 못했던 전시회나 가고 싶었던 숍에 간다. 전시회 관람은 출장 중에 빠져서는 안 되는 힐링의 시간이며 영감의 원천이 된다. 전시회를 본 후엔 작가나 전시회에 관련된 책을 구매해서 돌아온다. 이는 영감을 자연스럽게 떠올리게 하는 좋은 매개체가 된다. 물론 우리나라에서 느낄 수 있는 것도 많지만, 해외에 나가서 느끼는 것은 확실히 색다르게 다가온다. 다양한 영감이 필요한 디자이너에게 출장은 세상을 보다 강렬하게 느끼게 한다.

TIP.

국내 · 외 패션 브랜드의 종류

SPA 브랜드는 흔히 패스트 패션 브랜드라고 한다. 예를 들어 자라, H&M, 유니클로 등이 있고 국내 브랜드로는 에잇세컨즈, 탑텐 등이 있다. 이들 브랜드는 최신 유행, 상대적으로 저렴한 가격, 빠른 상품 회전이 특징이다.

캐주얼 브랜드라고 일컫는 브랜드로는 이자벨 마랑, 띠어리, 산드로, 마주 등이 있다. 국내 브랜드로는 시스템, 톰보이, 보브 등이 있다. 이들 브랜드는 트렌드를 데일리 하게 표현하고 SPA 브랜드보다는 비싸지만, 상대적으로 캐릭터 브랜드보다는 저렴하게 판매한다.

캐릭터 브랜드에 속한 타임, 마인, 델라라나, 구호 같은 브랜드들은 고급 원단을 쓰고 캐주얼 브랜드보다 고가의 가격을 형성한다. 캐릭터 브랜드의 옷은 잘 갖춰진 셋업 스타일부터 데일리 하게 입을 수 있는 스타일까지 브랜드 아이덴티티에 맞춰 만들어지고 있다.

그 외 해외 명품이라고 불리는 샤넬, 에르메스, 발렌시아가, 지방시, 보테가 베네타 등 유서 깊은 헤리티지를 가진 명품 브랜드들이 있다.

I am a fashion designer

Part 2 패션 디자이너의 꿈을 디자인하다

1 꿈을 이루기 위한 '도전'

나는 과거 전공도 하지 않고 쉽게 옷을 만들어서 온라인으로 판매하는 사람은 패션 디자이너라고 생각하지 않았다. 물론 단순히 카피제품을 파는 사람들은 디자이너라고 할 수 없다. 하지만 전공을 떠나 제대로 옷 만드는 법을 배우지 않았어도 자신만의 아이덴티티가 있고 사람들이 좋아한다면 그 사람은 누구보다도 훌륭한 디자이너이다. 이제는 어느 학교를 나와서 어디서 일을 하는 것이 중요한 시대는 아니다. 고학력에 고스펙이 무슨 소용이 있을까? 디자이너는 결과물로 인정을 받기 때문에 그 사람의 배경은 전혀 중요하지 않다.

비전공자라도 옷을 너무 좋아하고 새로운 것을 시도하며 만들면 디자이너이다. 다만 비전공자였을 때 다른 사람들에게 인정받기까지 오래 걸리고 힘들 수는 있다. 오늘날 천재라고 불리는 오프 화이트의 버질 아블로 Virgil Abloh 도 처음 패션위크에 나갔을 때 그가 한 디자인은 패션이 아니라고 했다. 그는 건축을 전공했고 프랑스 럭셔리 패션 하우스의 아티스틱 디렉터가 된 최초의 아프리카계 미국인이다. 그의 첫 브랜드는 '파이렉스 비전'으로 폴로 랄프 로렌의 인기 없는 제품을 싼 가격에 구매해 그 위에 자신의 프린트 디자인을 입혀 비싼 가격에 되파는 식이었다. 당시로써 정말 획기적이고 상식을 엎는 행위로 자신을 드러내기 시작하며, '오프 화이트Off White' 라는 하이 스트리트 패션 브랜드를 만들어 냈다.

지금은 어쩌면 모든 것이 가능한 시대에 살고 있다. 간절히 원하고 노력하면 누구나 이루어낼 수 있는 세상이므로 자격을 논하는 것은 이제 진부한 일이 되었다. 그러나 누구나 될 수 있고 할 수 있다고 하지만 너무 막연한 소리일 수도 있다. 대신 패션 디자이너가 되기 위해 더 쉽게 다가가는 방법은 분명 있다. 전공하지 않아도, 좋은 학벌을 갖고 있지 않아도, 당당하게 일할 수 있다. 전문분야를 가지고 전문성을 키워나갈 수도, 새로운 분야에 도전해볼 수도 있다. 그러니 벌써 다른 길을 와 버렸다고 포기하거나 좌절하지는 말자.

Q1
패션 디자인학과에 꼭 진학해야 하나요?

비전공자도 디자이너가 될 수 있다. 보통 의상학과 출신이 대부분이긴 하지만 미술계통, 건축 전공자도 많다. 디자이너는 일하면서 배우는 부분도 많기 때문에 사실 전공을 하지 않아도 업무가 가능하다. 단지 전공자일 때 유리한 점은 업무에 대한 지식보다는 취업에 용이한 정보가 많다는 것이다. 어느 회사에서 일하는 선배나, 어떤 브랜드에서 일하는 친구 등 지인들을 통한 정보를 쉽게 얻을 수 있는 장점이 있다.

대학에서 배우는 것과 사회에서 배우는 것은 어느 분야든 차이가 있어 비전공자라도 본인의 노력에 따라 달라진다. 처음 진입 장벽이 전공자보다 높을 수는 있지만, 전공자만큼 잘할 수 있다는 가능성을 이력서와 포트폴리오에 잘 표현해낼 수만 있으면 충분히 승산이 있다. 아니면 패션 회사에서 인턴사원이나 아르바이트로 시작하면서 회사의 분위기나 취업 정보를 직접 얻는 방법도 있으니 자신감을 갖고 도전해보자.

Q2
미술 입시를 준비하지 않으면 패션 디자인학과에 진학할 수 없나요?

요즘 대부분 패션 디자인학과가 미술대학에 속해 있다. 하지만 일반대학에 속한 경우도 있어서 대학에 따라서 다를 수 있다. 과학대학이나 문과대학 또는 이과대학에 속한 의상학과들은 미술을 전공하지 않아도 된다. 대학마다 입시전형에 인문계열, 자연계열, 예능계열로 나누어져 있고 두 가지 전형으로 다 뽑는 대학도 있으니 가고 싶은 대학의 입시전형을 꼭 살펴봐야 한다.

우리나라의 입시전형과 교육과정은 변화가 잦아서 입시전문가나 중고등학생 자녀를 두지 않는 한 대학진학에 대해서는 해마다 업데이트된 자료를 찾아보아야 한다. 그리고 패션 디자이너 학과로 진학을 희망한다면, 고등학교 진로도 미리 생각해 두면 도움이 될 수 있다. 미술을 일찍부터 시작했다면 아무래도 갈 수 있는 대학의 폭이 넓어질 것이다. 이미 문과나 이과계열을 선택했다면, 어느 대학이 관련 계열로 뽑는지 확인해야 할 것이다.

나는 인문계 고등학교를 졸업하고 유학을 간 경우로, 미술 전공자처럼 미술을 따로 배우지 않았다. 이렇게 유학을 가게 되면 사실 어떤 계열을 선택할 것인지는 전혀 중요하지 않다. 내 경우는 한국에서 불어를 1년 정도 배우면서 프랑스 문화원의 도움을 받아 어학연수 할 대학을 찾았다. 일단 어학연수부터 시작한 후 현지 학교를 직접 방문하여 입학과정을 문의했다. 그 당시는 이메일 문의가 아닌 무조건 전화를 해서 방문날짜를 잡아야 했다. 그때 담당자로부터 준비할 서류와 인터뷰 내용, 포트폴리오 등에 대한 설명을 들을 수 있었다.

포트폴리오가 중요해서 학교의 성향과 잘 맞게 준비해야 인터뷰도 수월하다. 서류는 미리 학교에 보냈고 정해진 날에 인터뷰를 했다. 불어로 진행되었고 바로 그날 당락이 결정되었다. 여러 가지 질문이 많았는데 어느 디자이너를 좋아하는지, 왜 디자이너가 되고 싶은지, 평소 디자인을 접하기 위해 어떤 책, 영화, 장소를 참고하는지 등을 물어봤던 기억이 난다.

이젠 기억도 가물가물한 옛날 일이지만 그 당시는 인생에서 가장 큰 고민거리였다. 진로를 정했지만 스스로 하나하나 찾아가야 하는 과정이 힘들었기 때문이다. 반면 지금은 정보가 너무 많다. 그래도 겪어보지 않는 길을 찾아가는 것은 여전히 힘든 도전이다. 아무리 힘든 도전이라도 간절히 꿈을 꾸고 실천하면 불가능한 일은 없다.

Q3
대학에서는 무엇을 배우나요?

의류학과, 의류직물학과, 패션디자인학과, 의류산업학과 등 각 대학의 패션 디자인 관련 학과의 이름은 조금씩 다르다. 비슷하지만 다른 학과명의 차이는 중점적인 교육과정의 차이라고 할 수 있다. 공통으로 크게 의복 구성, 디자인 관련 교육, 패션 마케팅 및 유통, 섬유 과학 및 환경 관련 교과목으로 나누어서 배우는데 학과명의 차이처럼 학교마다 비중의 차이가 있다.

의복을 위한 전반적인 지식을 위해서 동서양의 의류 복식사와 예술, 산업에 대해 공부한다. 의복의 소재나 제품, 의복 구성을 알기 위해 자연과학 분야의 공부도 하고, 의류 역사나 의상 심리, 마케팅 등의 인문사회 분야, 의류 상품기획, 아트웨어, 직물역사의 이해, 텍스타일 경영, 패션산업과 무역에 대해서도 배운다.

실기 수업 중 그림에 관해서는 기본적인 드로잉부터 누드 크로키, 패션 일러스트레이션, 도식화, 세리그래피 Serigraphy , 염색 및 염색공예 등 다양한 수업 과정이 있다. 패턴 실기로는 평면과 입체재단에 대해 공부하고 직접 견본을 제작해보기도 한다. 본격적인 패션 수업으로는 트렌드 기본과 이해, 프로포션 Proportion 과 볼륨의 연구, 소재와 컬러에 관한 수업 등이 있다. 이런 과정을 모두 거치면 졸업 작품으로 패션쇼를 한다. 대학과정 중 패션쇼는 가장 중요한 과제이면서 디자이너의 경험을 맛보게 해준다.

대학 때 배우는 학과과정은 실제 디자이너가 되었을 때 필요한 지식보다는 학문적이지만 개인의 관심과 재능을 발견하도록 도와준다. 또 학교 때 배운 복식사와 예술을 보는 눈은 살아가면서 점차 취향으로 자리 잡게 해준다. 개인적으로 기초적인 드로잉 시간과 누드 크로키를 하면서 인체를 관찰하는 법을 배웠을 때가 생각난다. 움직이는 누드모델을 그리면서 처음에는 망치고 실수할까 봐 걱정했는데 나중엔 빠른 스케치를 하다 보니 나만의 스타일이 나와서 재미를 느꼈다. 일러스트레이션을 표현할 때 기초가 되어서 좋은 경험이었다.

학생 때 배운 모델리즘은 패턴에 대한 이해와 디자인의 폭을 키워준다. 디자인한 샘플을 직접 만들어 보며 옷의 구조를 익히는 수업으로 위베르 드 지방시 Hubert de Givenchy 와 크리스티앙 디오르 Christian Dior 가 모두 쿠튀리에 출신인 것을 생각하면 입체 패턴 수업을 성실하게 들어야 할 것이다. 알베르 엘바즈 Alber Elbaz 도 직접 드레이핑 Draping 하기로 유명했다. 실제 디자이너가 직접 패턴을 뜨고 봉제를 하는 경우는 없다. 이때 배운 과정으로 깊이 있는 디자인과 사람들과 협업을 할 때 업무 이해도를 높여줄 것이다.

Q4
학력이나 학벌이 중요한가요?

학력이나 학벌은 비단 프랑스나 미국 등 어느 세상이나 중요하기도 하고 별로 중요하지 않기도 하다. 사회 초년생이 입문할 때 좋은 학벌이 있다면 시작이 쉬울 수는 있다. 이는 어느 세상이나 마찬가지일 것이다. 하지만 입문하고 나면 본인의 능력이 가장 중요하다. 우리나라의 경우 대기업에 속한 브랜드로 취업을 원한다면 4년제 학사를 마쳐야 할 것이다. 하지만 이점도 점차 변화되고 있고 본인의 열정을 잘 표현하면 4년제 학사 학위가 없어도 가능한 일이기도 하다.

결국, 전공자가 아니라도 대단한 학벌이 없더라도 정확한 목표를 가지고 본인의 이력을 한 방향으로 잘 정리하면서 만들어 가는 것이 중요하다. 일단 패션 회사에 인턴사원으로 들어가서 일을 해보는 것도 중요하다. 디자이너들이 일하는 모습을 보면서 현실감을 익히는 것도 좋고 정말 내가 할 수 있는 일인지 확인하는 방법이다.

갈수록 브랜드의 종류가 더욱 다양해져서 디자이너가 될 수 있는 경우도 다양해지고 있다. 꼭 큰 회사가 아니더라도 개인 디자이너와 함께 일하면서 다양한 일을 배울 수 있다. 큰 회사에 있는 브랜드는 많은 부서로 나누어져 있어서 자신이 하는 일에 외에는 일을 배우기가 어렵다. 대신 안정된 급여와 깊이 있게 배울 수 있는 장점도 있다.

세계적으로 유명하고 한국 젊은이들이 사랑하는 디자이너 크리스토퍼 르메르 Christophe Lemaire 를 예로 들면, 특별히 어느 학교를 나왔는지 알려지지 않았다. 다양한 패션 하우스에서 어시스턴트를 거치다가 라코스테, 에르메스의 크리에이티브 디렉터를 거쳐 자신의 브랜드 르메르를 만들었다. 천재적인 디자이너 니콜라 제스키에르 Nicolas ghesquièe 도 고등학교를 졸업하고 장 폴 고티에에서 어시스턴트 생활을 하다 25세 때 발렌시아가를 맡게 됐다. 물론 패션 하우스가 튼튼하게 자리잡혀 있는 프랑스여서 가능하다고 할 수도 있다. 하지만 현재 우리나라에서 불가능하고 안 되는 일이 있을까 싶다. 학력과 학벌은 배움의 과정 중 하나이고 긍정적인 사고와 행동으로 내가 나아가야 할 방향을 잡으면 된다. 옛 사고에 사로잡혀 살지 말자.

Q5
패션 디자인 자격증이 꼭 있어야 하나요?

어느 전문분야마다 자격증이 있다지만 디자이너 중에 패션 디자인 자격증이 있는 사람을 본 적이 없다. 간혹 컬러리스트 중에 컬러에 관한 자격증을 가진 이들이 있기는 하지만 그마저도 취업에 중요한 부분은 아니다. 사람이 입고 활동하는 것이기에 인체에 맞는 전문 지식을 가지고 디자인을 해야 하는 것은 사실이다. 하지만 늘 입는 옷을 새롭게 창조해야 하는 일이기 때문에 굉장히 상업적이고 트렌드에 민감한 분야이다. 만약 어느 사설 기관의 자격증이 있다 해도 그것으로 판단하기 어렵기 때문에 자격증을 따려고 애쓸 필요가 없다. 그리고 개인 브랜드를 만든다고 해도 전문 자격증이 있어야 하는 것도 아니다.

디자인 분야의 자격증이 의미가 없는 것은 단순히 만들 줄 아는 것의 의미는 중요하지 않기 때문이다. 새롭지만 대중이 원하는 디자인만이 살아남을 수 있기 때문에 자격증으로 논할 수 있는 것이 아니다.

Q6
컴퓨터 프로그램을 잘 다뤄야 하나요?

본인이 추구하는 디자인의 방향이 무엇인지를 알면 프로그램을 잘 다뤄야 할지 그렇지 않아도 될지 판단하기 쉽다. 스포츠웨어 디자이너의 경우 능숙한 컴퓨터 프로그램 실력이 있다면 업무에 도움이 된다. 등산복, 골프 웨어, 운동화 브랜드 디자이너들은 캐드를 활용해서 그림을 그린다고 한다. 아직은 여성복 디자이너가 캐드로 그림을 그리는 브랜드는 흔치 않다.

하지만 복잡한 프린트가 들어가는 드레스를 디자인한다거나 다양한 컬러가 믹스된 셔츠를 디자인하고자 한다면 직접 그려서 매칭하는 것보다는 컴퓨터 프로그램을 이용하여 여러 가지 컬러를 손쉽게 변경해 가며 디자인하는 것이 편할지도 모르겠다.

특히 규모가 작은 디자인실의 경우 디자이너가 여러 역할을 함께 해야 하니 컴퓨터 프로그램을 잘 다룬다면 크게 도움이 될 것이다. 규모가 큰 브랜드의 경우에는 디자인실에 컬러리스트도 있고 프린트만 따로 그리는 그래픽 디자이너가 존재해 디자이너가 직접 모든 것을 해야 하는 것은 아니어서 크게 걱정할 일은 아니겠지만 말이다.

Q7
언제 전문분야를 정하나요?

우리나라에서는 디자이너라 하면 우븐, 니트, 가방, 슈즈, 소재 디자이너로 전문분야가 나누어져 있다. 대학에서는 일반적으로 이 모든 분야의 이론을 배운다고 생각하면 된다. 보통은 입사할 때 분야가 결정되는데 지원한 분야에서 일할 수도 있고 그렇지 못한 경우도 있다. 어차피 신입 디자이너일 때는 여러 분야의 디자이너들의 역할을 보면서 자신의 성향을 찾아가면 된다. 자신이 원하는 전문분야가 아니더라도 노력하면 바꿀 수도 있으니 섣부른 좌절은 하지 말자.

내가 하고 싶은 분야가 뚜렷한 사람은 걱정할 필요도 없다. 하지만 내가 어떤 스타일의 옷을 좋아하는지, 어떤 슈즈를 좋아하는지, 어느 분야에서 일하면 좋을지 정하지 못한 사람도 있을 것이다. 그렇다면 일단 디자인실에서 인턴이라도 해보자. 나도 처음 한국회사에 입사할 때까지 디자인실에서 우븐과 니트로 구분해 일하는지조차 몰랐다. 입사 면접 때 면접관이 내 포트폴리오를 보고 성향이 니트와 가깝다고 하면서 니트 디자이너로 일하기를 권유했었다.

나의 성향을 아는 것이 중요하다. 나는 입사할 때 캐주얼 브랜드인 시스템에서 일했었다. 30대가 돼서는 캐주얼한 브랜드보다는 좀 더 갖춘 느낌의 옷을 만들고 싶고, 좀 더 좋은 소재로 디자인하고 싶어서 타임이라는 브랜드로 옮기게 되었다. 일하면서 나의 스타일을 깨달아 간 것이다. 20대에서 30대로 갈수록 취향이 변하기도 하기에 나에게는 자연스럽게 이루어진 일이다.

처음 디자인을 할 때는 디테일이 많고 화려한 디자인을 많이 했다. 2000년대 초반의 트렌드는 캐주얼하고 소재와 디테일의 믹스가 많았다. 캐주얼 브랜드에서 일하면서 정말 재밌고 신나게 디자인했었다. 그러다 디테일이 많은 디자인이 지겨워졌고, 절제되고 고급스러운 디자인을 하고 싶었다. 그래서 캐릭터 브랜드로 옮겼다. 그곳은 캐주얼 브랜드보다 고급의 소재를 다룬다는 것은 만족스러웠지만 평소 하고 싶었던 모던한 스타일로 디자인할 수는 없었다. 그렇게 또 한 번 내가 일하는 브랜드가 내 취향이 아니라는 것을 점차 깨닫게 되었다. 그것이 계기가 되어 신세계 백화점에서 함께 새로운 브랜드를 론칭하자는 제안을 받고 회사를 옮기게 되었다.

난 어릴 때부터 좋아하는 것도 꿈도 확실했다. 하지만 디자이너가 되기 전에는 니트 디자이너로 시작하게 될 줄 몰랐고, 시스템이라는 브랜드에서 일을 시작하게 될 줄도 몰랐다. 그리고 새로운 브랜드를 론칭하기 위해 또다시 회사를 옮기게 될 줄은 꿈에도 몰랐다. 그동안 지내왔던 내 경험에 비춰보면 전문분야는 스스로 직접 일을 해봐야 매력도 단점도 나와 맞는지를 알게 되어 정할 수 있는 것 같다.

Q8
중간에 전문분야를 변경하기도 하나요?

당연히 전문분야를 변경할 수 있다. 누구나 원하는 분야를 바로 시작할 수 있다면 좋겠지만 모두가 그럴 수는 없을 것이니 이후라도 자기의 의지에 따라 분야는 변경될 수 있다고 생각한다. 우븐을 하다가 니트를 할 수도 있고, 니트를 하다가 우븐을 할 수도 있다. 특히 분야가 바뀌었을 때는 더욱 많은 노력이 필요하겠지만 그건 어느 분야가 되었든 모두 마찬가지일 것이다.

나는 시스템과 타임에서 니트 디자이너로 일했다. 14년간 같은 분야에서 일하면서 니트 디자인이라고 하면 안 해본 게 없고 이제 더 이상 할 것조차 없다는 일종의 오만과 깊은 매너리즘에 빠져있었다. 그때 나에게는 절실하게 변화가 필요했었던 것 같다. 다행히도 우연한 기회에 신세계 백화점 S라는 브랜드 론칭을 디렉팅하게 되면서 우븐 디자인을 집중적으로 해볼 수 있었다. 토털 브랜드 론칭을 위해선 니트뿐만 아니라 재킷, 코트, 슈트 모든 아이템이 다 있어야 하니 나에게는 새로운 것들을 여러 가지로 해볼 수 있었던 더없이 좋은 변화의 기간이었다. 국내뿐 아니라 이탈리아 현지에 가서 슈트 장인도 만나보고, 고가의 해외 명품 브랜드의 재킷을 현지에서 구매해 모두 해체도 해보며 어떻게 만들어졌는지 배웠던 것 같다. 모델리스트와 상의도 많이 했었고 봉제 선생님의 수십 년간의 노하우를 듣기도 했다. 이때가 나에게는 전문분야를 변경할 수 있었던 시기가 아니었나 싶다.

니콜라 제스키에르 Nicolas ghesquière 도 처음엔 니트 디자이너로 시작했고, 알렉산드로 미켈레 Alessandro Michele 는 액세서리 디자이너였다. 어차피 패션은 토털이다. 패션을 정확하게 나누어서 생각하는 것은 올드한 사고방식이다. 옷이 정말 좋아서 디자이너가 되었지만 슈즈 디자이너가 될 수도 있고, 가방 디자이너가 될 수도 있다.

평생 한 분야만을 깊이 있게 일하는 것도 매우 멋진 일이지만 중간에 분야를 변경하여 새로움에 도전하는 것 역시 자신을 한 단계 발전시킬 수 있는 뜻깊은 일이 될 것이다. 어느 날 일을 하다 중간에 전문분야를 변경하고 싶다면 두려워하지 말고 용기 있게 도전해보자.

Q9
배워두면 좋은 것이 있나요?

패션은 우리 생활에서 아주 밀접한 부분이라서 뭐든지 배워두면 안 좋을 것이 없다. 난 운동하는 것을 싫어하지만 주변에 운동을 좋아하는 디자이너가 정말 많다. 요즘에는 골프가 국민 스포츠가 되어 골프복 브랜드를 만드는 디자이너도 많이 봤다. 자기가 좋아하는 스포츠에 자신의 색깔을 넣어 만들어 보고 싶은 건 어찌 보면 당연하다. 요가를 좋아해서 요가복 론칭을 고민하는 디자이너도 보았다. 앞으로 어떤 것을 준비해야 좋을지는 아무도 예측할 수가 없다. 설사 유용한 것을 배운다고 한들 내가 활용하지 못하면 의미는 별로 없을 것이다.

학창시절 나의 취미는 스크랩북 만들기였다. 대부분은 패션과 영화에 관련된 스크랩이었다. 지금도 부모님 집에 가면 내가 어릴 적 만든 수십 권의 스크랩북이 있다. 주로 신문, 잡지에서 오려내어 재편집하여 묶어서 만든 나만의 자료였다. 이 자료들이 훗날 내가 디자이너가 될 수 있었던 밑바탕이 되었던 것 같다.

1980~1990년대의 디자이너 이름을 달달 외우고 있었고, 잡지 한 권을 사면 구석구석 모두 찢어 기사는 읽고 맘에 드는

컬러는 오려 붙였다. 중고등학교 때는 영화에 너무 빠져서 영화 전문 잡지를 정말 열심히 읽고 스크랩했다. 유럽, 홍콩, 대만 영화를 특히 좋아했는데 유학 가서 친구를 사귈 때 도움이 됐다. 대만 친구는 양 더창 楊德昌, 허우 샤오시엔 侯孝賢 감독 얘기를 하면서 친해졌던 것 같다. 영화를 전공하는 친구들과 밤새 얘기를 하며 칸으로 여행을 갔을 때 가슴이 벅차오르기도 했다. 또 웨스 앤더슨 Wes Anderson 의 〈그랜드 부다페스트〉나 박찬욱 감독의 〈아가씨〉를 보면서 영화 의상의 매력에 푹 빠지게 되었다. 언제일지는 모르지만 칸 영화제에 나도 참여하고 싶다. 인생은 알 수 없으니 영화의 의상을 맡을 수도 있는 것 아닌가.

프랑스 누벨바그 영화를 열심히 찾아봤던 것도 프랑스 문화를 이해하는 데 도움이 많이 됐다. 매체에서 끊임없이 다루기도 하고 패션 아이콘이 된 배우들도 많이 등장해서 자연스럽게 이해했던 것 같다.

a_Lisa, 1971 Catherine Deneuve 화이트 스커트 슈트
b_La Chamade, 1965 Catherine Deneuve 전형적인 파리지엔느를 구현
c_Belle de Jour, 1967 Catherine Deneuve 유명한 블랙 레인 코트와 일러스트
d_Stavisky, 1974 Anny Duperey 드라마틱한 검은 깃털 망토와 드레스, 일러스트

2 꿈을 향한 '도약'

인생에서 가장 떨리는 도전과 시험을 생각한다면 대학 입시라는 도전과 사회의 첫발을 내딛는 입사 시험일 것이다. 첫 단추를 잘 끼워야 나머지 단추도 잘 채울 수 있듯이 처음이 참 중요하고 경험이 없어 어렵기도 하다. 지난 시간을 돌이켜 보면 처음 디자이너로 회사 생활을 시작했을 때가 가장 어렵고 힘들었던 것 같다. 자신감이 한없이 차 있다가도 이내 힘이 쭉 빠지는 일이 가장 많고 특히 얼마큼 나를 드러내야 하는지 헷갈릴 때가 많던 시기였다.

디자이너가 되는 방법은 정말 다양할 수 있다. 처음부터 자신만의 브랜드를 내서 일할 수도 있겠지만 대부분은 브랜드에 소속되어 일을 시작할 것이다. 그러면 입사라는 과정을 통과해야 한다. 회사마다 채용 절차는 다를 수 있으나 디자이너에게 가장 중요한 2가지 관문은 면접과 포트폴리오이다.

나의 경우는 파리에서 인턴을 마치고 돌아올 때 졸업한 학교의 교장인 마담 룩키가 한국 패션 회사를 추천해주었다. 면접 결과를 기다리는 동안 불안한 나머지 다른 패션 회사에서도 면접을 보았는데 모두 불합격이었다. 자신감으로 가득 찼다가 점점 자신감이 떨어지던 찰나에 다행히 학교장 마담 룩키가 추천한 패션 회사에 합격해 들어갈 수 있었다. 그렇게 디자이너로서 첫발을 내딛던 그때가 떠오르는데 어느새 이제는 면접을 보는 입장이 되었다. 면접을 보면 예전의 내가 떠오르기도 해서 웃음이 나오기도 한다. 당시의 나는 지금 세대보다도 당당하고 자기주장이 강했던 20대여서 쉽게 합격할 스타일이 아니었던 것 같다. 절대 자신감을 감추라는 뜻은 아니다. 자신감과 열정은 중요하게 어필할 부분이다. 가끔 면접관이 곤란한 질문을 할 때가 있다. 이때 긍정적인 태도로 자신의 입장을 말하면 된다. 단순히 면접관 마음에 들게 얘기하려고 애를 쓸 필요가 없다. 열정 있는 디자이너를 뽑는 것이지 고분고분하게 일할 사람을 뽑는 것이 아니니 말이다.

덧붙여 디자이너들이 면접을 볼 때 항상 들고 다니는 것은 포트폴리오이다. 어떤 말솜씨와 태도보다 훌륭한 포트폴리오는 자신을 잘 표현하는 거울이 된다. 흔하게 트렌드 분석과 일러스트나 도식화로 나열하는 포트폴리오는 절대 좋은 인상을 얻을 수 없다.

Q1
패션 디자이너가 되기 위해 얼마나 많은 시간이 걸리나요?

대게 대학 졸업 후 바로 일을 시작할 수 있다면 24살이라고 생각할 수 있겠지만, 요즘 24살에 일을 시작하는 사람은 굉장히 드물다. 나는 공개채용부터 수시경력채용까지 수많은 디자이너들의 면접을 봐왔다. 최근 여자는 24살, 남자는 27살인 이력서를 거의 본 적이 없다. 나도 한국에서 정식으로 일한 시작한 나이는 26살이었다. 당시 나이 좀 많은 신입사원이라고 생각했는데 요즘 같아선 어린 신입사원의 나이인 것 같다.

평균적으로 14~16년의 교육과정을 거치고 사회로 나온다고 생각하면 된다. 고등학교까지의 교육 12년, 대학에서 2~4년의 교육과정을 거치고, 수습이나 인턴 과정 1~2년을 거쳐야 비로소 정식 디자이너가 된다. 개인에 따라 많이 다르겠지만 신입 디자이너의 이력서 나이는 26살에서 30살 정도 나이에 가장 많이 분포되어 있다. 학교에 다니다가 휴학도 하고 해외여행이나 어학연수를 다녀오기도 해서 보통 이 정도 나이인 것 같다. 20대 중후반의 나이에 어딘가에 소속되어 디자이너로서의 일을 시작하는 것이 대부분이다.

Q2
패션 디자이너의 채용 절차는 어떻게 되나요?

나의 경우는 패션 회사지만 대기업이라서 여느 대기업 공채와 비슷한 순서로 진행되었다. 공채인 경우는 인사팀에서 이력서를 받는다. 여기까지가 서류면접이고 인사팀의 서류전형을 통과한 이력서만 선정하여 디자인 실장에게 넘겨진다. 그 중에 잘 만들어진 포트폴리오가 있는 지원자만 추려내어 면접날짜를 잡는다. 보통은 포트폴리오를 먼저 받아서 어떤 특징을 가진 사람인지 무엇을 더 잘할 수 있는 사람인지 판단한다. 그때 나는 지원자에게 어떤 질문을 할지 포트폴리오를 보면서 생각했었다. 신입 디자이너의 역량은 사실 일을 해봐야 알 수 있는 것이 대부분이므로 포트폴리오가 중요하다. 포트폴리오가 좀 미진해 보여도 자기소개에 특징적인 사람이 있다면 1차 면접을 하게 되는 것이다.

면접을 보면서 지원자가 어느 브랜드로 갈지 지원한 분야에는 적합한 사람일지 체크한다. 2차 면접은 보통 임원면접으로 수습 기간 3~6개월을 거쳐 정식 채용이 된다. 수습 기간에는 디자인실에서 일하며 디자인 실장이 주는 과제를 통과하거나 브랜드와 맞는 인재인지 평가를 받아 정식으로 채용된다. 길고 험하게 느껴질 수 있는 과정이지만 차분히 해 나가다 보면 어느새 멋진 디자이너가 되어 이번 시즌 최고의 디자인을 만들어 내려고 고민을 하고 있을 것이다.

경력의 채용은 조금 다르다. 경력이 쌓인 분야에서 옮기는 경우가 많다. 예를 들어 캐릭터 브랜드에서 일한 경력자를 뽑으면 일했던 곳도 캐릭터 브랜드인 것을 선호한다. 서류면접에서 통과되면 경력자는 디자인 실장의 면접을 본다. 면접 시에는 해당 브랜드에 맞는 포트폴리오인지 브랜드에 대한 이해도와 함께 어떤 디자인의 강점이 있는지를 알아보는 시간을 갖는다. 그리고 임원면접을 보고 입사가 결정된다.

마지막으로 경력자는 이전 회사의 레퍼런스 체크도 이루어진다. 이전 회사의 이직 사유와 일했던 태도도 체크하므로 이점에 유의해야 한다. 이직하겠다는 마음으로 불성실하고 매너 없는 태도를 보였다면 아무리 면접 때 좋은 인상을 보였어도 최종합격이 안 될 수 있다.

Q3
채용에서 어떤 것을 가장 중요하게 보나요?

포트폴리오와 면접이다. 개성 있는 포트폴리오는 합격의 아주 중요한 요소이다. 면접관은 사실 수많은 이력서를 보게 되므로 비슷해 보이거나 성의 없는 포트폴리오는 바로 불합격이다. 자신의 강점이 잘 살아있는 포트폴리오를 준비하고 자기소개서에도 왜 디자이너가 되고 싶은지, 무엇을 경험했고, 왜 이런 포트폴리오를 만들었는지를 기술하면 좋다.

면접은 어느 분야든 채용에서 가장 중요한 부분이다. 아무리 좋은 경력을 갖고 있어도 면접 때 좋은 인상을 남기지 못하면 뽑히기 힘들다. 디자이너의 직업을 가진 이들 중 외향적인 사람은 그리 많지 않다. 매체에서 얼핏 화려하게 그려지지만 업무량이 많은 편이고 혼자 연구해야 할 부분이 많아 다른 직업보다 화려한 언변이 필요 없다. 말보다는 결과물로 나타나기 때문에 결과물이 좋은 디자이너일수록 긴말이 필요 없다.

일반적인 회사의 회의처럼 서로의 의견을 얘기하고 조합하는 회의는 정말 없는 편이다. 보통 새로운 시즌을 시작할 때 서로의 생각을 얘기하고 시즌 테마에 어떻게 맞춰야 할지 정도만 회의한다. 나머진 스스로 자료를 찾고 디자인한다. 그래서 면접 때 장황한 설명이나 화려한 언변은 필요 없다. 자신의 스타일과 포트폴리오에 대해 잘 설명할 수 있으면 충분하다. 그리고 자신감 있는 눈빛으로 면접관을 대하면 좋은 결과를 얻을 수 있을 것이다.

Q4
채용 면접은 어떻게 이뤄지나요?

면접은 서류전형에 통과하면 포트폴리오 검토 후 개별적으로 보게 된다. 면접관에 따라서 다르지만 실무면접은 대부분 디자인 실장이 맡게 되므로 디자이너로서 자질과 디자인실 팀에 어울리는 지원자인지를 체크할 것이다. 면접 때 주로 받게 되는 질문은 아래와 같으니 평소 준비해두면 도움이 될 것이다.

- 왜 디자이너가 되고 싶었나요?
- 왜 이 분야(우븐, 니트, 액세서리 등)의 디자이너가 되고 싶었나요?
- 내가 생각하는 디자이너는 어떤 사람인가요?
- 포트폴리오 속 디자인 스타일이 자신을 가장 잘 표현한 것인가요?
- 좋아하는 디자이너는 누구인가요?
- 나는 어떤 성향의 사람인가요?
- 왜 이 브랜드에 지원했나요?
- 본인과 브랜드가 추구하는 디자인의 방향은 어떤 차이점이 있나요?
- 이 브랜드에 필요한 디자인이 있다면 무엇일까요?
- 원하는 브랜드가 아닌 다른 브랜드에 합격하면 어떻게 할 건가요?

어떤 브랜드를 지원하든 이와 비슷한 질문은 빠지지 않고 받게 될 것이다. 면접 시 떨거나 당황하는 모습은 자연스럽고 진솔해 보이니 걱정할 부분은 아니다. 오히려 뻔하고 장황한 소리에 나쁜 점수를 줄 수 있으니 자신을 진솔하게 보여줄 수 있도록 하자.

Q5
면접 시, 스타일을 뽐낼 수 있는 옷을 입고 가도 되나요?

면접인데 흔히들 정장을 입어야 하지 않을까 고민하는 학생들을 많이 봤다. 실제로 여느 회사의 면접처럼 정장을 입고 오는 면접자들도 있다. 물론 너무 신경 쓰지 않은 차림새보다는 낫겠지만 그렇게 좋은 점수는 얻을 수는 없다.

디자이너라면 좀 더 개성을 드러내야 한다. 지원하는 브랜드 성향에 맞게 스타일링하는 것도 팁이다. 캐주얼한 브랜드에 지원하는 디자이너가 하이힐에 슈트를 입고 갈 필요는 없는 것이다. 반면에 슈트를 중요시하는 브랜드에 펑키한 느낌으로 면접을 가면 좋은 점수를 얻기 힘들다.

신입 디자이너라는 타이틀에 걸맞게 젊고 생기있는 편이 좋다. 브랜드의 분위기와 100% 들어맞을 필요는 없으니 최대한 멋지게 차려입고 한 포인트만 정돈되어 보이도록 연출하자. 평소에 청바지와 티셔츠로 멋을 낸다면 어울리는 재킷으로 격식 있는 연출만 하면 된다. 재킷을 입을 때도 굳이 단정하게 단추를 얌전히 모두 채울 필요는 없으니 용감하게 스타일링해보자. 이런 자리일수록 자신의 룩을 어필할 수 있어야 남과 차별화될 수 있다.

Q6
채용 시, 포트폴리오는 필수인가요?

앞에서도 잠깐 언급했듯이 신입 디자이너에게 포트폴리오는 필수이다. 학교에 다니는 동안 수많은 과제를 하고 졸업식 때는 패션쇼를 준비하는 이 모든 것이 포트폴리오를 만드는 과정과 요소가 된다. 단순히 트렌드와 지금까지 해왔던 과제를 열거하는 식의 포토폴리오보다는 확실하게 주제를 잡아서 만들거나 입사할 브랜드의 성향에 맞춰서 만드는 것이 중요하다.

나는 인턴 때 만든 옷으로 컬렉션 필름을 찍어두었다. 모델이 입은 사진으로 스토리보드를 만들었고 일러스트, 도식화, 작업지시서를 넣어서 신입 디자이너지만 능력을 어필할 수 있도록 포트폴리오를 꾸몄다. 단순히 디자인, 그림 하나하나 신경 쓰지 말고 '나'라는 사람을 기억하게 만들어 보자.

또 하나는 리사이클링 소재를 주제로 컬렉션을 만든 포트폴리오였는데, 커머셜한 부분은 없었지만 과감한 패치워크가 돋보이고 신선한 디자인이 많이 보였다. 이렇듯 신입 디자이너가 너무 커머셜한 디자인에 포커싱하는 것은 위험할 수 있다.

커머셜한 디자인은 많은 시행착오와 경험에서 나온 것이므로 신입 디자이너가 하기에는 무리수가 있다. 그리고 자칫 창의력이 없어 보일 수도 있으므로 현재 너무 트렌디한 무드로 디자인하는 것을 지양하는 것이 좋다. 조금 유치하거나 상품성이 없어 보여도 재기발랄한 인재를 찾고 싶은 것은 어디나 마찬가지일 것이다.

3 꿈에 그리던 '도착'

아마도 패션 디자이너가 되던 첫해가 육체적으로 가장 힘들었던 시기였다. 하고 싶은 일보다 해야 하는 일이 많아서 정신이 없던 시기이기도 했다. 무슨 일이든 처음 일을 시작했을 때는 상상하는 것처럼 멋질 수는 없다. 이제 일을 시작했으니 회사에 적응도 해야 하고 배울 것도 많았던 시기였다. 막내 디자이너로서 디자인실의 여러 가지 업무에 협조해야 하니 정작 디자인할 시간이 적었던 때였다. 특히 디자인 욕심이 많아서 최대한 그림을 많이 그려서 컨펌을 받았다. 품평회에 내 옷이 많이 보였으면 해서 하나라도 더 하려고 노력했다. 그 당시 내가 한 디자인이 광고 사진으로 찍혔을 때 너무 기뻐서 한동안 책상 위에 붙여놓기도 했다.

디자이너의 생활은 반복적인 스케줄로 정리할 수가 있다. 정해진 품평회를 하기 전에 또다시 다음 품평을 기획해야 한다. 품평이 끝나고 기획을 하면 기획하는 시간이 버려지는 시간이 되므로 미리 생각하고 있어야 한다. 내가 브랜드의 수장이 아니더라도 나만의 디자인 아이디어와 스케치를 해두고 있어야 버리는 시간이 없다. 현재 품평의 결과도 모른 채 다음 품평을 준비해야 하기 때문에 처음에는 익숙하지 않아서 쉽지 않을 것이다. 조금씩 습관을 들이다 보면 마치 예습을 하면 공부가 쉬워지듯이 다음 품평을 준비하기가 수월해진다. 가봉을 빨리 끝내두고 다음 품평을 조용히 준비할 때 은근한 즐거움이 있었던 것 같다. 이번 디자인에 못 넣은 요소를 다음 디자인에 꼭 써봐야지 다짐하면서 이것저것 스케치할 때의 희열이 있다.

경력이 생길수록 디자인하는 방법과 노하우가 쌓이면서 다른 관점이 생겨난다. 처음엔 나의 디자인이 얼마나 주목받고 잘 팔리는지를 신경 쓴다. 남보다 잘하고 싶고 많은 디자인을 보여주고 싶다. 그러다 디자인은 나만의 것이 아니라 브랜드와도 함께 고려되어야 한다는 것을 알게 된다. 브랜드 아이덴티티에 맞는 디자인이 중요하다는 생각이 드는 것이다. 이때 나의 역할과 스타일이 점검되고 고민하기도 하며 동시에 의문도 생겨난다. 이런 고민을 겪다 보면 이직을 하거나 나만의 브랜드를 만드는 시기가 된다.

Q1
정식 패션 디자이너가 되면 먼저 무엇을 하나요?

정식 패션 디자이너가 되었다는 뜻은 의미를 부여하기 나름이다. 누군가는 처음 디자인해서 만들어져 나온 옷을 보며 디자이너가 되었다고 말할 것이고, 누군가는 처음 만든 디자인이 매장까지 출고되었을 때라고 말할 수도 있다.

나의 생각은 후자인데, 첫 작업지시서를 넘겨서 상품까지 나왔을 때 정식으로 디자이너가 되었다고 생각한다. 디자인이란 세상 밖으로 나와야 빛을 볼 수 있다. 디자이너가 생각하는 아이디어가 아무리 많아도 그것이 자신의 책상 위에만 있다면 그냥 오래된 스케치에 지나지 않는다. 열심히 생각한 디자인을 실물로 만들어 봐야 한다.

정식 패션 디자이너가 되면 주변 선배 디자이너들이 축하도 많이 해주고, 같이 입사한 디자이너들끼리 서로 먼저 디자인한 옷이 매장에 나가기를 바라는 선의의 경쟁을 한다. 많은 스케치와 각고의 노력 끝에 나온 디자인이 소비자에게 반응까지 좋을 때 진정한 기쁨을 느끼기도 한다. 이런 느낌을 안고 계속 반복해서 디자인하고, 가봉보고, 완성하고, 품평하며 비로소 완전한 옷을 만든다. 이런 식으로 1년 365일을 다람

쥐가 쳇바퀴를 도는 것처럼 4계절을 끊임없이 디자인하며 다음 시즌의 루틴을 익힌다. 약 일 년의 루틴을 익히면 드디어 디자이너란 이런 직업이구나라는 생각이 든다.

어찌 보면 가장 힘든 시기는 처음 일을 시작하는 첫해가 아닌가 싶다. 어떤 일이든지 처음이 가장 어려운 것처럼 말이다. 나도 디자이너가 된 첫해는 정말 정신이 없었다. 일의 순서도 익혀야 하고, 디자인도 욕심내어 하고 싶고, 사수가 시키는 업무도 정리해야 했다. 내 직장 인생 중에 가장 늦게 퇴근했던 시절이었다. 그때는 차분히 앉아서 디자인할 시간이 없어서 다른 업무를 하다가 갑자기 디자인 아이디어가 떠오르면 아무 종이에 급하게 그려놨다가 퇴근 무렵 시간에 조용히 앉아 다시 그리곤 했다. 고리타분한 소리 같지만 그런 시간이 조금씩 쌓여 지금의 내가 있는 것 같다.

Q2
패션 디자이너의 직급 체계는 어떻게 되나요?

갈수록 직급 체계가 없어지는 추세지만 크게 5~6개 직급으로 나누어져 있는 것이 현실이다. 회사에 따라 다르지만 신입 디자이너, 전임, 선임, 팀장, 수석, 실장 정도로 나눌 수 있다. 보통 진급은 3~4년에 한 번 정도 이루어진다. 아직까지 한국 사회는 경력과 나이를 고려해서 진급이 이루어진다고 할 수 있다.

회사라는 울타리 안의 브랜드라면 디자인 계통처럼 창의적인 분야에서도 직급이 철저하게 나누어져 있다. 영화에 나오는 것처럼 엄청난 히트작을 만들었거나 획기적인 디자인을 해서 고속 승진을 하는 경우는 한국에서는 보기 힘들다. 물론 뛰어난 매출 신장을 가져온 디자이너에게는 인센티브가 주어지기도 한다. 큰 회사일수록 객관적인 수치로 평가하기를 원해서 디자이너의 판매율 외에 정성적인 평가도 함께한다. 정성적인 평가란 매출 외에 브랜드 아이덴티티에 맞는 디자인을 하는 디자이너에게 좋은 점수를 주는 것이다. 그리고 그 외의 디자인 과정을 평가에 포함 시키는 것이다. 막내 디자이너는 아무래도 디자인의 수가 작아 단순히 개인 매출로 평가받을 수는 없다. 이때는 디자인실의 필요한 업무에 협업과 노력을 평가에 넣을 수 있다. 나름의 공정한 기준을 위해 인사팀과 협의를 통해 평가 기준안을 만드는 일도 디자인 실장의 역할이기도 하다.

회사에 속한 디자이너는 꾸준한 성과를 내고 성실하게 디자인을 하는 것을 최고로 친다. 상대평가로 성과를 받아 진급하니 영화처럼 드라마틱한 일은 없지만 다들 열심히 경쟁하며 일하는 것은 사실이다. 나의 경우도 회사 진급 기준에 맞춰서 열심히 살아왔다. 차근차근 승진해서 실장이 되기까지 15년 정도 시간이 걸렸다. 이르거나 늦지도 않았지만 사실 디자이너란 직업을 직급에 따라 일반적인 사무직 직급과 동일하게 대우하는 것이 부당하다는 생각이 많이 든다.

현재는 디자이너라는 직군이 회사에 소속되어 직급에 묶여 있지만 미래에는 가장 먼저 프리랜서로 전향하는 분야라고 생각된다. 능력에 따라서 연봉을 받고 회사에 소속되어 있기보다는 프로젝트를 맡아 다양한 회사와 일하는 것이다. 지금도 이렇게 일하는 디자이너도 많다. 개인의 경쟁력이 더 강화되어야 하는 과제가 있지만 능력대로 평가받는 사회가 훨씬 멋진 곳이라 생각된다.

독자가 멋진 디자이너가 된 미래는 답답한 직급 체계가 아닌 좀 더 자유로운 환경일 것이다. 현재의 직급이 그러하다는 정도로만 참고하기 바란다.

Q3
직접 스타일링을 하기도 하나요?

매 시즌 새로운 스타일링을 하는 것도 디자이너의 매우 중요한 역할이다. 아무리 잘 만든 옷일지라도 어떻게 입혀지는지에 따라 다른 옷으로 느껴진다. 처음부터 스타일링을 생각해서 만든 옷은 길이, 품, 실루엣이 효과적으로 표현될 수 있다. 시즌에 중요한 아이템은 완벽하게 스타일링을 해서 디자인을 기획한다. 그래야 의도한 디자인을 정확히 보여줄 수 있다.

물론 모든 아이템을 스타일링 해서 디자인할 필요는 없지만, 몇 가지 중요한 스타일링으로 보여주면 시즌 콘셉트를 효과적으로 나타낼 수 있다. 스타일링도 시즌 콘셉트의 하나일 수 있는 것이다. 디자인하면서 생각한 스타일링을 품평회에 보여주고 반응이 좋으면 광고 착장까지 연결시켜 촬영하면 시즌에 보여주고 싶은 중요한 룩킹을 효과적으로 표현할 수 있다. 광고를 통해 매장에서 쉽게 연출이 가능하고, 또 판매로 이어질 수 있으니 스타일링은 매우 중요하다.

스타일링의 예를 들자면 짧은 재킷과 하이웨이스트 팬츠를 디자인한다고 생각해보자. 재킷 길이와 팬츠의 허리 단의 위치가 어디에 있는지에 따라 다리가 길어 보일 수도 있다. 재킷 안에 입는 블라우스의 목선도 시즌마다 제안할 수 있는 다른 점이다. 깊게 파인 저지 톱으로 스타일링할 수도 있고, 부드럽게 흐르는 실크 스카프가 휘날리게 입힐 수도 있다. 재킷과 팬츠는 매 시즌 어느 브랜드마다 꼭 있는 디자인이지만 스타일링으로도 충분히 차별화를 시킬 수 있다.

또 다른 예로 작은 스카프를 디자인한다고 생각해보자. 그냥 목에 두를 수도 있지만 니트 터틀넥 안에 묶을 수도 있다. 그러면 터틀넥의 높이와 스카프의 폭이 중요하다. 그리고 터틀넥 사이로 보이는 패턴과 컬러도 중요하다. 또 작은 스카프를 팬츠 허리에 벨트처럼 묶을 수도 있다. 그러면 잘 묶이는 길이와 폭이 중요하다. 이 세 가지를 모두 고려해 디자인하는 것이다. 단순히 예쁜 스카프 하나가 아닌 다른 아이템과 연결이 되어야 훨씬 판매율이 높아지고 꼭 가지고 싶은 스카프가 되는 것이다.

° 스타일링의 예시

스카프를 목에 두를 때

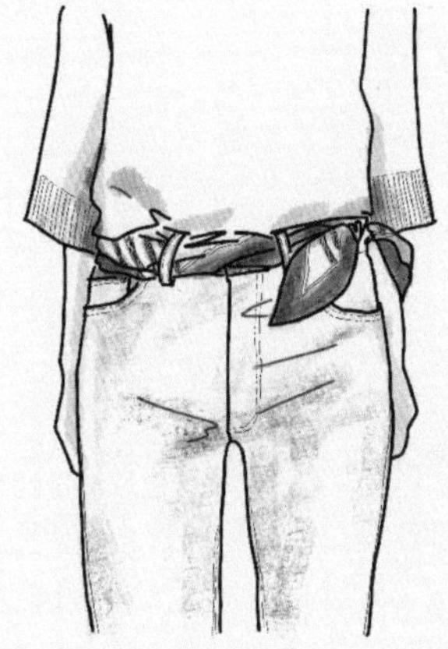

스카프를 벨트처럼

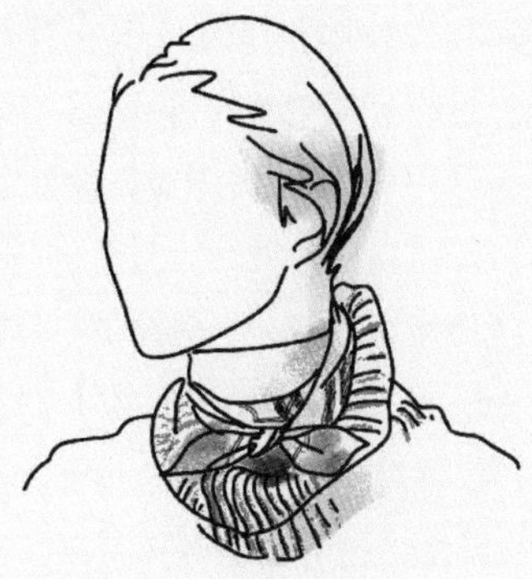

터틀넥 안에 스카프를 두를 때

Q4
디자인 기획은 어떻게 하나요?

시즌 초에 디자인 기획을 시작한다. 가을에 봄 상품을, 봄에 겨울 상품을 앞서 기획하는 것이다. 크게 S/S와 F/W 두 가지로 메인 기획을 한다. 그리고 세부적으로 매월 필요한 아이템을 기획한다. 기획을 시작할 때는 평소에 모아두었던 자료와 출장에 가서 영감 받았던 곳, 여행 갔을 때 느꼈던 색감, 사실 등 모든 기억과 추억, 사진, 이미지들을 반영한다. 다양한 디자인 서적들과 전시회에서 접한 작품들, 기억 속에 오래 자리 잡은 영화 등을 엮어서 이야기를 만든다. 그리고 시즌 콘셉트에 하나하나 넣어보며 영감을 발전시키는 것이다.

굵은 주제가 정해지면 연결되는 사진 자료를 모아서 맵으로 만든다. 이것이 시즌 기획 맵이 된다. 제목도 붙이고 간단히 시즌을 표현하는 문구도 만들어 본다. 이 문구는 마케팅에서 보도자료로 쓰이기도 하고 광고할 때 카피라이트 문구로도 쓰일 수 있다.

신세계 백화점에서 S라는 브랜드를 론칭할 때는 럭셔리한 프리미엄 브랜드임을 표현하기 위해서 세기의 패션 아이콘을 떠올리며 기획했었다. 프랑스와즈 아르디 Françise Hardy와 샬롯 램플링 Charlotte Rampling 이 시대별로 보여주었던 상징적인 모습을 현대적인 모습으로 해석해 본 것이었다. 그녀들이 입었던 클래식한 슈트와 젊고 고급스러운 니트를 브랜드 전반에 녹여 냈다. 여기서 파생해 다양한 슈트를 디자인하고, 함께 입을 고급스러운 캐시미어 실크 니트를 디자인했다. 드레스에 걸칠 재킷도 디자인하고, 온몸을 감싸는 청키한 니트 코트도 디자인했었다. 뮤즈를 정하면 확실히 영감이 잘 떠오르기도 하고 디자인실에서 커뮤니케이션하기도 좋다. 함께 상상하며 무궁무진하게 영감을 떠올려볼 수 있다.

때로는 특별한 장소를 떠올리며 시즌 기획을 시작하기도 한다. 휴가 때 다녀온 마라케시를 떠올리며 기획하기도 했다. 온통 핑크빛 담장으로 구불구불한 골목과 사막의 모래바람, 이브 생 로랑의 숨 막힐 듯이 아름다운 마조렐 정원과 뮤지엄은 봄, 여름 시즌을 표현하기에 아주 적절했다. 핑크빛 담장의 컬러는 부드러운 촉감의 핑크빛 섬머 드레스로, 사막의 모래바람의 컬러 같은 베이지색은 사파리 아우터와 팬츠로, 마조렐 정원의 초록빛 식물들을 프린트로 만들어서 블라우스, 스커트, 팬츠, 트렌치 코트로 표현했다.

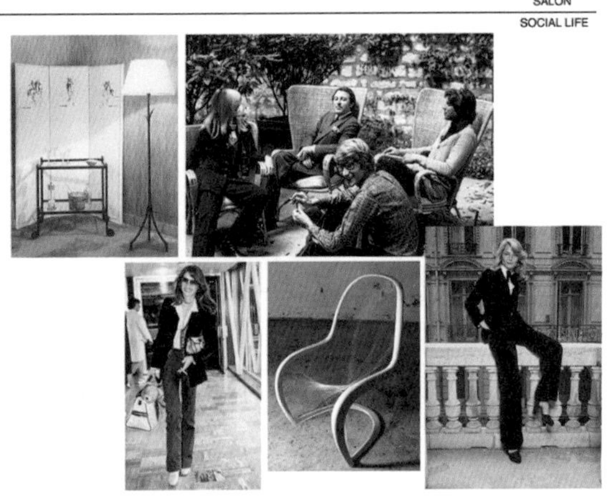

브랜드 S 론칭 자료

Salon, Social Life, Suit로 시작하는 프리미엄 캡슐 컬렉션이다.
시대가 지나도 여전히 패셔너블한 샬롯 램플링과 언제나 소장하고 싶은
미드 센트리 디자인 체어, 취향을 소통할 수 있는 살롱을 표현하는 브랜드이다.
시대가 지나도 가치 있는 옷, 트렌드가 녹아있지만
단순히 유행을 따르지 않고 소장할만한 가치가 있는 옷을 지향한다.

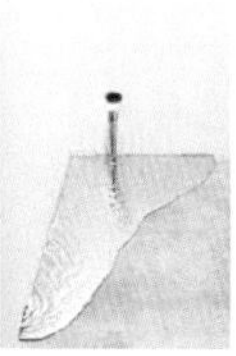

브랜드 S의 인테리어 콘셉트와 라벨 이미지

Salon, Social Life, Suit의 살롱의 느낌으로 아늑하고 편안한 우드 마감과
컬러감 있는 체어 그리고 골디한 메탈로 모던한 고급스러움을 표현.
라벨의 이미지는 입체감 있는 표면을 살리되
한 가지 컬러의 깨끗함으로 절제된 고급스러움을 표현.

Q5
디자인한 옷을 자주 입으시나요?

내가 실장이 되어서 브랜드를 론칭하다 보니 디자인한 옷을 거의 매일 입고 다닐 수 있게 되었다. 그 전에 일하던 브랜드에서는 그렇지 못했지만, 지금은 콘셉트부터 광고까지 모두 내가 잡은 시안으로 브랜드를 만들면서 내가 디자인한 옷을 거의 입을 수 있게 되어 그 점은 매우 행복하다.

다른 분야의 사람들은 이해하지 못하는 부분이 있는데 디자이너들이 옷을 가장 많이 소비하는 집단일 것이다. 옷을 만드는 사람이지만 옷을 좋아하기에 내가 만든 옷, 남이 만든 옷을 구분하지 않고 많이 산다. 신입 디자이너 때는 아무래도 연봉이 적기도 하지만 월급의 거의 전부를 옷을 사거나 신발, 가방, 액세서리를 사는 데 썼다. 나의 주변 동료들 대부분이 그랬던 것 같다. 트렌드에 민감한 직군이기도 하고, 잦은 해외출장과 각종 고급 브랜드들을 많이 접하다 보니 소비가 클 수밖에 없었던 것 같다. 무엇을 좋아하면 그것을 많이 갖게 된다.

시간이 지나면 좀 더 좋은 옥석이 가려지듯이 많은 디자이너의 옷을 입어보는 것을 추천한다. 물론 비싸다고 다 좋은 옷이라고 생각하지는 않지만 가격을 그만큼 매길 수 있다는 것은 그만큼의 가치를 가지고 있다고 생각한다. 디자이너로서 유서 깊은 명품은 꼭 입어보길 권한다. 내가 직접 입어보고 느낄 수 있어야 그 정도의 가치를 만들어 낼 수 있다. 많은 것을 경험하다 보면 그것들이 자연스럽게 녹여져 나오는 것이다. 그러면서 스스로 무엇을 추구하는 사람인지를 깨닫게 될 것이다. 디자이너가 디자인하는 방향성도 여러 가지일 수 있다. 자신에게 오트쿠튀르가 맞는지, 아니면 프레타 포르테가 맞는지 혹은 코스튬 디자인이 맞을 수도 있다. 그래서 다양하게 경험해보는 것이 중요하다.

나는 프레타 포르테를 지향하는 학교를 나와서 주로 국내 패션 백화점 브랜드에서 일했다. 초기에는 캐주얼 브랜드에서, 그 뒤로 캐릭터 브랜드에서 일했다. 니트 디자이너로 14년을 일했고, 그 뒤로는 브랜드를 론칭하면서 우븐, 니트, 액세서리, 광고까지 일의 폭이 넓어졌다.

경력이 늘어가면서 캐주얼한 스타일에서 갖춘 느낌으로 스타일링이 발전하여 나의 성향과 디자인 방향이 점차 변화되었다고 생각한다. 지금은 좀 더 취향이 확고해지기도 했고 옷을 보는 눈이 더욱 신중해지기도 했다. 그래서 내가 만든 옷, 그리고 메이킹이 잘된 훌륭한 명품 위주로 소비한다.

Q6
사전 시장조사는 어떤 방식으로 진행되나요?

시장조사를 할 때는 정확한 목적이 있는 것이 좋다. 전체적인 흐름을 본다지만 정신없이 다니다 보면 자칫 옷 하나하나에 집중될 수 있으니, 아우터만 본다든지, 컬러만 본다든지 등으로 목적을 정하고 돌아보는 것이 중요하다. 시장조사는 백화점과 플래그십 스토어로 나누어 한다. 모든 브랜드가 모여있는 백화점은 가장 시장 조사하기 편한 곳이다.

지금도 여행을 갈 때 그곳에 백화점이 있다면 꼭 가본다. 백화점은 모든 상품이 집결되어 있고 가장 편하게 볼 수 있는 곳이기 때문이다. 층마다 섹션이 나누어져 있고 가장 힙한 브랜드가 무엇인지 백화점에서 할애하는 공간만 봐도 알 수 있기 때문이다. 이제 인기 있는 명품은 대기표를 뽑고 기다려야 하지만, 그런 명품이 아니라도 에스컬레이터 주변의 브랜드만 잘 살펴봐도 그 브랜드의 인기를 알 수 있다.

브랜드가 입점할 때 에스컬레이터 상행선에서 오른쪽으로 도는지, 적어도 근처에 카페가 있어서 고객들이 머무르며 볼 수 있는 곳인지, 입점 되어 있는 위치를 보면 브랜드의 위상을 볼 수 있다. 매출에 따라 순서와 위치를 매기는 영리한 백화점에서 시장조사를 하면 무엇이 시장에서 가장 잘나가는지 알 수 있다.

일반적인 백화점에 벽을 타고 만들어져 있는 박스형 매장은 보통 유명한 브랜드에, 적어도 매출이 높은 브랜드에 자리를 내어준다. 유명 브랜드의 위상이 하루아침에 만들어진 것도 아니고 하루아침에 꺾일 일도 없기에 이런 박스형 매장은 정해져 있다고 생각하면 된다. 그러면 중앙에 입점하는 브랜드는 박스형 매장에 들어가는 브랜드보다 지명도가 덜 하고 매출도 비교적 적다고 생각하면 된다.

신진 디자이너의 정보도 쉽게 볼 수 있다. 왜냐하면 백화점의 코너나 브리지 존에는 늘 새로움을 주어야 하는데 그때 필요한 사람이 신진 디자이너이다. 그 공간을 채울 사람이 필요하고, 신진 디자이너에겐 백화점에 입점한다는 그 자체로 마케팅이 될 수 있어 서로 윈윈인 것이다.

이런 룰은 비단 국내 백화점만이 아니라 해외 백화점도 똑같이 적용된다. 나는 파리에 가면 봉 마르셰 백화점 Le Bon Marché 을 꼭 가는데, 우리나라처럼 박스형 매장을 만들어놓지는 않았지만 벽을 타고 있는 매장은 유명 브랜드이고, 중앙은 편집숍이나 신진 디자이너의 제품으로 구성해 놓았다. 런던의 셀프리지 백화점 Selfridges 도 마찬가지이고 밀라노의 리나센테 백화점 La Rinascente 도 마찬가지이다.

플래그십 스토어란 단독 브랜드로만 이루어져 있는 숍을 말한다. 예를 들어 청담동 명품 거리에 샤넬, 로로 피아나, 구찌, 프라다 이런 매장들이 쭉 들어서 있다. 이런 매장을 플래그십 스토어라고 한다. 보통 단일 브랜드를 자세하게 느끼고 싶을 때 플래그십 스토어를 방문한다. 물론 백화점에도 상품이 있기는 하지만 플래그십 스토어는 브랜드만의 에스프리와 컬렉션의 포인트를 훨씬 더 잘 표현하고 있다. 상품의 수도 월등히 많고 쇼윈도와 걸린 옷들의 컬러와 순서만 봐도 백화점과 다른 것을 느낄 수 있다. 그 브랜드의 아이덴티티와 역사를 느끼고 싶으면 플래그십 스토어로 가야 한다.

파리의 알라이아 Azzedine Alaï 매장은 여러 군데지만 마레 숍으로 가면 알라이아가 생전에 디자인했던 스튜디오 아래에 있어 그의 천재성과 감성이 물씬 느껴진다. 초인종을 누르면 들어갈 수 있는 발망 Balmain 은 파리 도심 속 상류층 저택 느낌이 물씬 나서 발망의 디자인과 너무나 잘 어울린다. 작은 골목길의 지하와 2층에 숨겨져 있는 메종 마르지엘라 Maison Margielela 의 숍 또한 실험실 같은 독특함이 백화점에서 봤던 그 상품만으로 이해하기엔 너무 피상적일 수 있다.

이렇듯 시장조사는 두루두루 다닐 수 있으면 가장 좋지만 요즘처럼 상황이 여의치 않으면 백화점 시장조사나 인터넷으로 서핑도 가능하다. 자신의 스타일에 맞게 보는 것도 중요하지만 좋은 옷은 가서 만져보고 입어봐야 한다. 많이 보고 많이 입어보고 느껴보자.

TIP.

작업지시서 작성 방법 및 예시

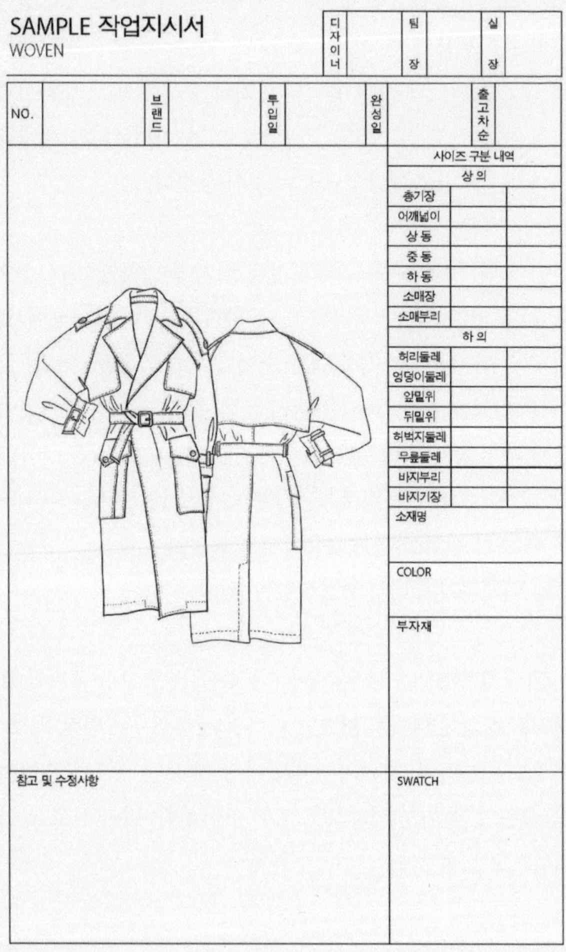

SAMPLE 작업지시서
WOVEN

디자이너		팀장		실장	

NO.		브랜드		투입일		완성일		출고차순	

사이즈 구분 내역		
상의		
총기장		
어깨넓이		
상동		
중동		
하동		
소매장		
소매부리		
하의		
허리둘레		
엉덩이둘레		
앞밑위		
뒤밑위		
허벅지둘레		
무릎둘레		
바지부리		
바지기장		

소재명

COLOR

부자재

참고 및 수정사항

SWATCH

SAMPLE 작업지시서
KNIT

디자이너		팀장		실장	

NO.		브랜드		투입일		완성일		출고차순	

사이즈 구분 내역

내용 \ SIZE	90	비 고
총 기 장		
품		
어깨넓이		
소 매 장		
소매품 上		
소매품 下		
A · H		
소 매 단		
허 리 단		
목 단		
앞 단		
뒤, Neck		
목 깊 이		
허리둘레		
밑단둘레		

소재명

COLOR

G · G

조직

부자재

참고 및 수정사항

SWATCH

Part 3 패션 디자이너가 말하는 패션 디자이너

1 패션 디자이너의 생활

패션 디자이너의 생활은 확실한 루틴이 있다. 하루의 루틴은 먼저 디자인할 것을 정리하는 것과 이미 투입한 디자인을 정리하는 것이다. 디자인할 것을 정리한다는 것은 앞으로 디자인할 것을 모으고 스케치하고 회의도 한다는 것이고, 이미 투입할 디자인을 정리하는 것은 가봉을 보고 Q.C도 보며 디자인에 필요한 부자재를 챙기는 것이다. 분주하게 이 두 가지를 하다 보면 어느새 퇴근할 시간이 될 것이다.

패션 디자이너의 생활은 고요한 편은 아니다. 조용하게 스케치하는 날도 있지만 협업하는 부서들과 협력업체와의 조율이 많아 하루 종일 많은 사람들을 만난다. 여러 사람들과 일을 하다 보면 마찰이 있기 마련이고 내가 한 디자인의 완성도를 지키려는 디자이너와의 입장은 서로 다를 수밖에 없다. 무조건 나의 입장을 주장해서는 좋은 디자인이 나올 수 없다. 최종적인 조율은 디자이너에게 달려있으므로 디자인성을 잃지 않으면서 배려심도 잃어서는 안 된다.

디자인의 의도를 지키는 것은 당연하지만 기성복은 어쨌든 생산성이 떨어지면 안 되는 문제이니 디자이너의 고집이 위험할 수 있다. 개인 브랜드라 할지라도 마찬가지이고 여러 사람이 함께 일하는 브랜드라면 더군다나 디자이너의 매너는 중요하다. 다른 부서와 협력업체를 대하는 태도를 보면 디자이너의 인격은 한눈에 알아볼 수 있다. 늘 겸손하고 배려 있는 태도는 좋은 결과물을 얻을 수 있다. 고래고래 소리치며 내 의견만 고집하는 디자이너의 상품보다는 항상 매너 있는 디자이너의 상품을 신경 써주는 것은 당연한 이치이다. 디자인을 잘하는 것도 중요하지만 끝까지 잘 완성하려면 이성적인 사고와 배려심은 필수이다.

Q1
매일 디자인을 하나요?

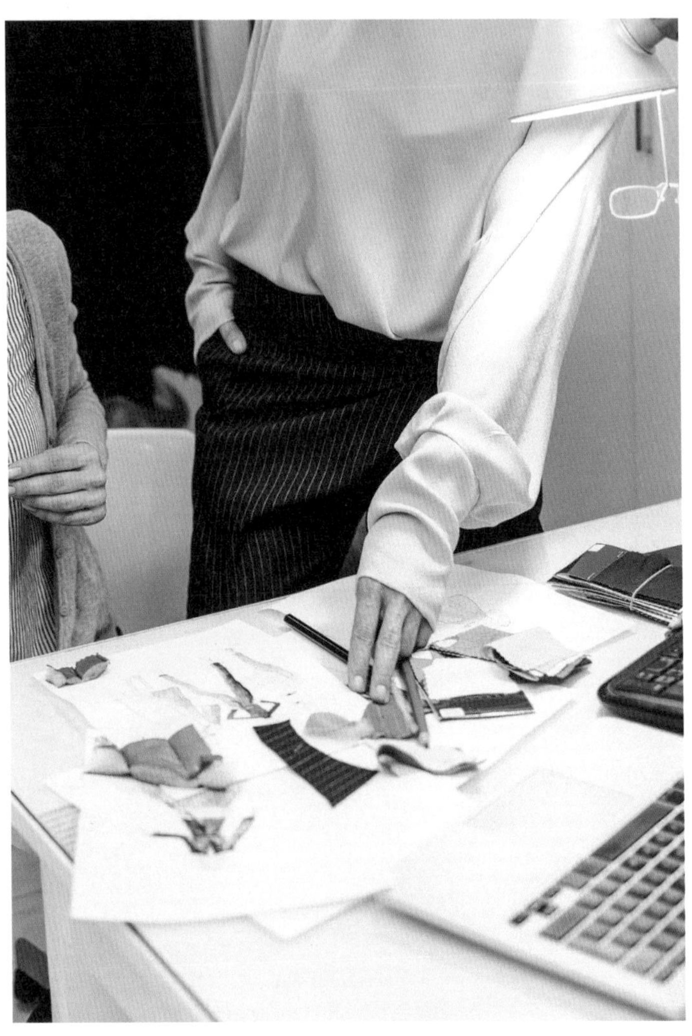

매일 디자인한다. 물론 매일 새로운 디자인을 투입하는 것은 아니다. 구상과 스케치는 매일 하지만 샘플은 서로가 약속한 날짜에 진행한다. 쉽게 말해서 디자이너는 디자인 콘셉트를 기획해서 상품이 출시될 날짜에 맞춰 역으로 계산해서 기획에 들어간다. 생산에 필요한 날짜를 생각해서 품평 일정을 정하고 품평날짜에 나올 옷의 개수와 착장을 생각한다.

착장과 세부 아이템이 정해지면 생각했던 아이디어를 스케치해 샘플을 그리기 시작한다. 이때 샘플을 만들어 주는 모델리스트와 봉제사와의 협의도 중요하다. 디자이너의 의욕으로 모든 디자인을 밀어붙일 수는 없다. 디자인과 봉제의 난이도에 따라 만드는 시간이 중요하므로 이런 점도 스케줄에 넣어가며 협의를 해야 한다. 간혹 드라마의 악역처럼 욕심이 넘쳐 안하무인으로 옷을 완성하는 디자이너는 모두에게 피해를 줄 수 있다. 디자인실에서 가장 트러블이 많이 생기는 부분이기도 하다. 완성된 옷으로 평가받는 디자이너에겐 너무 중요한 일이지만 이성적인 태도와 섬세한 지시사항으로 실수 없이 완성하는 것이 디자이너의 매너라고 생각한다.

매일 생각나는 대로 디자인을 투입할 수 없기 때문에 항상 아이디어를 모아 놓고 미리 준비를 해두는 습관이 중요하다. 또 여러 사람의 협업을 통해 옷이 만들어지기 때문에 시간과 약속을 지키는 것이 중요하다.

Q2
직접 원단부터 생산까지 관리하나요?

신생 디자이너 브랜드라고 하면 직접 원단도 찾고 생산관리도 해야 한다. 신생 브랜드는 대부분 자금 사정이 여의치 않아 많은 인원을 두고 일하는 건 쉽지 않을 것이다. 브랜드가 점점 성장하게 되면 소재 디자이너나 생산관리를 하는 사람이 필요하게 되고 점차 인원이 늘어나는 것이다.

일반적인 브랜드에는 원단을 기획하는 사람을 소재 디자이너라고 한다. 브랜드의 아이덴티티와 맞게 소재를 찾고 미리 기획하고 발주를 넣는다. 원단 생산업체와 상담하고, 브랜드만의 원단을 개발하기도 한다. 규모가 있는 디자인실은 소재 디자이너가 소재를 담당하고 디자이너가 기획된 소재를 가지고 디자인을 한다고 생각하면 된다.

소재 디자이너의 일은 브랜드 성격에 따라 다르다. 내가 일했던 브랜드는 주로 이탈리아 소재를 사용해서 4~5개월 전 미리 기획해서 진행한다. 원단 하나를 정하면 이탈리아에 오더를 넣고 생산해서 국내에 들어오기까지 시간을 역으로 계산해서 일해야 하기 때문이다. 적어도 반년 전에 소재를 기획하고 발주를 내보낸 다음 원단이 입고되는 시점에 픽스된 샘플로 만들어진다.

생산은 디자인 픽스되어 수량과 컬러, 입고할 시기까지 정해지면 시작된다. 이 과정의 모든 프로세스를 맡아 진행하는 사람을 생산관리자라고 한다. 공장에서 샘플이 만들어지면 디자인이 의도에 맞게 되었는지 틀린 부분은 없는지 체크하는 과정을 거친다. 이 과정을 Q.C라고 하는데 생산관리자, 디자이너가 함께 모델에게 옷을 입혀보고 잘 만들어졌는지 체크하는 과정이다. 체크 후 생산이 시작된다. 생산되어 입고되고 매장에 상품이 출고되는 과정까지 생산관리자의 몫이다. 그리고 생산관리자는 공장에서 제대로 생산하는지 검품과 지도까지 겸해야 한다.

Q3
불량 제품이 나올 땐 어떻게 하나요?

불량 제품의 정도는 회사 내규에 따라 정해지기도 하고 디자이너의 디자인 방향성에 따라 정해지기도 한다. 그것이 누가 봐도 불량 제품인 경우는 입고가 끝난 상품이라고 해도 모두 수거해서 다시 만들어야 한다. 시간과 비용이 발생해도 꼭 해야 할 일이므로 고민할 것이 없는 문제이다. 하지만 모든 제품은 생산관리자의 Q.C를 거치기 때문에 나의 경우 판매 불가능한 불량 제품을 경험한 적이 없다. 불량이라는 범위가 단순하지 않고 디자이너와 생산자와 소비자의 입장이 다르게 때문에 항상 민감한 부분이라 결정하기도 쉽지 않다.

코트의 끝단이 깨끗하지 않고 살짝 둔탁하게 마무리되었다면 다시 수정을 요청해야 하고, 만약 니트 풀오버가 입고 벗기 불편하다고 하면 수거해서 네크라인을 수정해야 한다. 이렇게 디자이너가 보기에 퀄리티가 잘못 나왔거나 누군가에게 옷이 불편하다면 비용이 발생하더라도 수정을 해야 한다.

단순히 디자인 의도와 다르게 나온 경우, 예를 들어 디자이너가 지정한 컬러가 아닌 다른 컬러의 지퍼가 달린 경우라고 하자. 흰 바지에 초록색 지퍼여야 하는데 파란색 지퍼가 달린 것이다. 어디서 잘못된 지시가 내려졌는지를 찾아봐야 할 문제이기도 하지만 디자인에 치명적인지 아닌지를 체크할 문제이기도 하다. 디자이너의 입장에서는 처음 의도하고는 다르게 나온 부분이고 당장 수정해야 할 점이다. 하지만 생산자가 보기엔 디자이너의 고집일 뿐 퀄리티에 전혀 문제없다고 생각할 수 있다. 사실 이렇게 불량 여부가 애매할 때가 비일비재하다. 이때 디자이너의 결정이 매우 중요하다.

나의 경우는 수정할 시간이 남아 있다면 비용이 들더라도 초록색 지퍼 바지로 다시 만든다. 하지만 입고 시기가 임박하다면 파란색 지퍼 바지로 결정한다. 디테일도 중요하지만 나에게는 그 흰 바지와 입을 다른 옷들이 제때 맞춰 함께 매장에서 연출되기를 원하므로 상황에 따라 결정한 것이다.

Q4
디자인할 때
가장 신경 쓰는 부분은 무엇인가요?

나는 이상적인 여성상을 상상하며 디자인한다. 이상적인 여성상이란 불어로 '라 팜므 이데알 La femme idéle'이라고 한다. 단순히 이성이 생각하는 멋진 여성을 말하는 것이 아니라 내가 추구하는 이상적인 여성상을 말한다. 아름다움을 이미지화 시킨 상상 속의 인물이다. 머릿속의 라 팜므 이데알에게 어떤 옷을 입힐지 생각하며 그리는 것이다.

사실 나를 포함한 디자이너들이 모두 장신의 늘씬한 체형을 가진 것이 아니고, 또 단순히 외형적인 느낌만 상상하는 건 아니다. 그 사람이 가진 애티튜드와 무드도 상상해 보는 것이다. 이상적인 여성상을 만들어 상상의 그녀에게 옷을 입힌다고 생각한다. 그러면 일하기가 더 쉽고 때로는 현실적인 한계를 벗어나는 방법이기도 하다.

이렇게 누구에게 어떻게 입힐지 결정하고 실루엣, 컬러, 소재, 디테일 하나하나 점검을 해야 한다. 어떤 부분이 미흡하면 조화롭지 않고 상품성도 떨어지기 때문이다. 그래도 가장 신경 쓰는 부분이 있다면 실루엣이다. 트렌드를 가장 잘 표현하는 요소가 실루엣이고 아이템마다 가장 중요한 부분이 핏이기 때문이다. 좋은 핏이 모여서 멋진 실루엣이 완성된다.

옷장에 있는 옷을 계속 입어야 할지 버려야 할지를 결정할 때 가장 먼저 하는 일은 입어보는 것이다. 입었을 때 핏이 지금 옷 같지 않으면 가차 없이 옷장에서 버려지듯이 트렌드를 먼저 드러나는 것이 핏이다. 핏을 잘 드러나게 해주는 요소는 아이템과 어울리는 컬러의 소재이다. 내가 원하는 정확한 핏이 결정되면 걸맞은 컬러의 소재를 찾는 것이 관건이다.

누구나 좋은 핏의 재킷과 코트, 부드러운 캐시미어 니트처럼 시간이 지나도 소장하고 싶은 옷이 있을 것이다. 견고하게 잘 만들어진 옷은 시간이 지나서 입어도 나를 당당하게 만들어 주기 때문이다.

Q5
트렌드 분석은 어떻게 하나요?

트렌드를 분석한다는 것은 쉽지만 어려운 일이기도 하다. 자료를 수치화하는 것은 사실 의미가 없고 모든 트렌드를 나열해 봤자 디자인에 다 담을 수도 없는 일이기 때문이다. 결국은 자료를 분석한다는 것은 자신의 것으로 소화하는 것이다.

시즌 초에는 많은 잡지와 매체에서 트렌드 방향이 쏟아져 나온다. 올해의 컬러, 소재, 디자인 디테일까지 모두 트렌드 분석 자료에 있다. 정보가 너무 많아 전부 볼 수 없을 정도이다. 마치 학창시절에 참고도서를 사러 가면 서점 가득히 깔린 것처럼 패션 트렌드도 자료가 넘쳐난다. 모든 참고서를 읽어봤자 시간만 낭비하고 시험을 잘 볼 수 없듯이 트렌드도 한두 가지 본인이 읽기 편한 몇 개의 사이트를 구독하면 된다. 전체적인 경향을 쓱 훑어본 다음 내가 생각했던 방향과 맞는지 다르면 어떻게 다른지만 체크해 보는 것이다. 게다가 패션은 수학 문제처럼 답이 정해져 있는 것도 아니니 자신감과 실천력이 더 중요하다. 나만의 방식으로 표현했을 때 같은 아이템도 색다른 아이템이 된다.

신입 디자이너일 때는 조금 힘들 수 있지만 해마다 훈련을 거치고 나면 어렵게 찾아보지 않아도 트렌드가 읽힌다. 시장조사는 늘 습관처럼 해야 한다. 하이엔드 브랜드도 잊지 말고 직접 입어보길 바란다. 디자인의 폭을 키우기 위해서라면 최고의 브랜드에서 무엇을 만드는지 알아야 한다. 내가 속한 브랜드와 타깃이 맞지 않더라도 그만한 가치를 받는 브랜드에서는 배울 점이 많다. 소비자가 되기 어렵다면 숍에 자주 가서 입어보면 된다. 내가 가진 사고의 폭이 넓을수록 디자인으로 보여 줄 것이 많다.

디자이너는 트렌드를 본능적으로 느끼고, 그것을 디자인에 녹여내야 한다. 때로는 나의 스타일이 트렌드와 맞지 않을 때도 있다. 피할 수 있는 것도 아니고 반대로 갈 수도 없는 노릇이다. 전반적으로 트렌드에 벗어나지 않으면서 몇 개의 디자인에서 나를 표현한다. 이렇게 디자인을 하다 보면 나의 스타일과 트렌드가 딱 맞아떨어질 때가 오는데 그때 신나게 디자인할 수 있다.

2 패션 디자이너가 말하는 진실 혹은 거짓

한때 가장 잘나가던 직업 중 하나가 패션 디자이너였다. 드라마의 단골 소재였는데 과장되게 묘사되어 현실감이 떨어져서 싫기도 했었다. 그런데 어느 새부터 자주 등장하지 않는 것이 조금은 아쉽다. 인터넷의 떠도는 패션 디자이너에 관한 소문은 부정적인 부분이 많이 부각 되는 것 같다. 업무가 너무 힘들어 집에 못 가는 일이 다반사이고 박봉이라 겨우 출퇴근만 한다는 등의 단점이 대부분이었다.

나는 거의 20년을 일했지만 밤새워 일한 적은 없다. 한 달에 한두 번 조용히 디자인에 집중하고 싶을 때만 야근을 했다. 내가 실장이 되고 나서는 혼자 정리할 시간이 필요해서 한두 시간 정도 더 일하다 오기는 했지만 퇴근이 불규칙하진 않았다.

경력이 많아질수록 업무의 양과 결정해야 할 부분이 많아져서 될 수 있으면 빨리 결정하려고 노력하는 편이다. 어차피 고민해도 크게 달라지지 않는다면 나의 빠른 결정으로 더 좋은 상품이 되어 매장에 빨리 나갈 수 있기 때문이다. 디자인실의 분위기는 실장이 만들어 가기 쉬운데 정시 퇴근에 눈치를 주는 실장을 만난 적도 없고 나 역시 그런 실장은 아니다.

밤새워 일하는 디자이너는 내 주변에서 본 적이 없다. 특히 요즘에 그렇게 일하는 분위기의 디자인실은 점차 함께 일할 디자이너를 찾기 힘들게 될 것이다. 어느 직업이든 일을 시작하면 장점보다는 단점이 먼저 들어 오고 현실은 드라마처럼 아름답지 않게 느껴진다. 특히 패션 디자이너는 드라마나 영화에서 너무 화려하게 다뤄져서 현실이 더 비관적으로 느껴지는지 모르겠다.

패션이라는 영역 자체가 외적인 부분이 집중되어서 화려하고 소비를 부추기도 한다. 그래서 디자이너의 품위에 맞게 소비한다고 자칫하면 절제 없이 살기도 쉽다. 아무래도 시장조사를 위해 백화점과 플래그십 스토어를 다니다 보면 사고 싶은 것도 많고 좋은 것도 많으니 당연히 소비 욕구가 올라가기 쉽다. 그래서인지 디자이너들은 과소비한다고 유명하다. 어느 부분은 사실이기도 하지만 요즘 입사하는 신입 디자이너들은 오히려 소비를 절제하는 것으로 봐서 점차 변화되어 가는 것 같다.

Q1
매일 꾸미고 출근해야 하나요?

당연히 매일 꾸미고 출근해야 할 필요는 없다. 디자이너들은 일반 사무직보다는 좀 더 역동적일 수 있다. 자리에 앉아서 조용히 스케치하는 날도 있지만 가봉을 보는 날도 많다. 패턴실과 디자인실을 왔다 갔다 하며 일하고 모델에게 입혔다가 본인이 입어보기도 하기 때문에 스타일은 정말 다양할 수 있다.

보통은 브랜드 이미지와 비슷하게 입고 다니는 경우가 많지만 때에 따라서는 아주 편안하게 입기도 한다. 가봉이 많은 날은 특히 편안하게 입고 오는 디자이너들도 있고 늘 상관없이 쭉 편안하게 입는 사람, 어느 날이든 항상 꾸미고 다니는 사람 등 취향 따라 다양하다.

패션 회사의 스타일도 정말 다양해서 오히려 편안하게 입는 사람들이 많아 보일 수 있다. 일반적인 회사원들이 양복에 넥타이를 매고 다니는 완벽한 슈트 차림이라고 한다면 디자이너는 비교적 편안한 캐주얼 차림이 일반적이다. 하지만 편안한 차림이라고 해서 꾸미지 않았다고 할 수 없듯이 자신만의 스타일로 자유롭게 출근한다고 보면 된다.

나의 경우 14년간 패션 전문회사에 다니다가 백화점으로 회사를 옮기고 출근한 첫날, 복장에 관한 규정을 들어서 깜짝 놀란 적이 있다. 백화점이란 여러 사업부가 함께 있어 여자인 경우는 민소매, 발가락이 보이는 신발, 노출이 심한 옷은 금지였다. 남자는 기본적으로 슈트 차림을 권장했고 반바지, 발가락이 보이는 신발이 금지였다. 패션 전문회사가 아닌 곳은 나름의 복장 규율이 있다고 하는데 현실로 겪게 되었다.

요즘 시대에 복장 규정을 들어 생소하고 놀라긴 했어도 나름 적응해서 맞춰서 입고 다녔다. 평상시 노출이 있는 스타일을 좋아했더라면 조금은 힘들었을 수도 있겠지만 마침 슈트 라인이 강화된 브랜드를 만들고 있어서 재킷과 팬츠를 주로 입었고, 이런 룩에는 힐이 어울려서 펌프스나 운동화를 많이 신고 다녔다. 회의나 브리핑을 하는 자리도 많아서 다양한 셔츠와 컬러풀한 팬츠를 많이 입었던 것 같다.

이처럼 디자이너라면 회사마다 다른 복장 규율이 있다 하더라도 사내규율 내에서 자신만의 스타일링으로 연출하고 다니는 것이 좋지 않을까 싶다.

Q2
패션 디자이너는 옷을 모두 잘 입나요?

디자이너는 옷을 만드는 사람이라 모두 옷을 잘 입는다고 생각하진 않는다. 정말 디자인에 푹 빠져서 무엇을 입고 출근을 했는지 정신이 없는 사람도 있고, 머리끝부터 발끝까지 작은 액세서리의 컬러에 맞춰 입는 사람도 있다.

같이 일했던 디자이너 중에 늘 같은 옷만 입는 사람이 있었다. 하얀색 운동화에 청바지, 티셔츠만 입고 겨울에는 그 위에 패딩만 입는 스타일이다. 아무도 디자이너라고 생각하지 않을 정도로 외모에는 전혀 신경을 쓰지 않았다. 고집스럽게도 늘 똑같은 모습인데 헤어스타일과 노메이크업까지 십수 년을 변치 않는 모습이다. 하지만 그녀의 디자인 능력은 일찍부터 인정받아서 지금까지도 필드에서 일하고 있다. 마치 꾸밀 시간까지 모두 디자인의 열정으로 쏟아붓는 느낌을 줄 정도여서 지금은 그녀의 모습은 하나의 트레이드마크가 된 것 같다.

특별한 경우를 제외하면 옷을 좋아해서 이 일을 시작한 사람들이라 대부분 잘 입는다. 매일 높은 힐에 풀메이크업을 하고 파티에 갈 것처럼 다니는 사람도 있고, 할리 데이비슨에서 막 뛰어내린 듯한 사람도, 영국 신사 스타일도, 업 타운 걸이 잠깐 외출 나온 느낌으로 출근하기도 한다. 일반 회사와 비교했을 때 패션 회사의 출근 룩을 보면 자유롭긴 해도 멋이 있는 건 사실이다.

물론 잘 입어야 한다는 강박에 시달릴 필요는 없지만 늘 디자인을 생각하고 새로운 룩킹을 떠올리는데 자신에게 연습을 해보는 것은 어려운 일이 아니다. 떠올리는 디자인이 있으면 최대한 비슷한 옷을 찾아 입어보면 어떤 점이 새롭고 어떤 점을 고쳐야 할지 보일 것이다.

옷을 잘 입고 못 입고는 남의 평가일 수 있다. 같은 옷도 어떤 옷과 연출함에 따라 달라 보일 수 있는 것처럼 스스로 만들어 가는 것이 중요하다. 나만의 스타일을 디자이너인 내가 모르면 안 되는 일이다.

Q3
직접 옷을 만들어 입기도 하나요?

어린 시절부터 디자이너를 꿈꿨다. 인형 옷도 만들어 입히는 걸 좋아했었다. 좀 더 커서는 안 입는 옷을 잘라서 이리저리 고쳐 입기도 하고 원단을 사다가 만들어 입기도 했다. 유학을 가서는 과제로 만든 옷을 입고 다니기도 했었다. 디자이너를 꿈꾸고 디자인을 전공한 학생들은 다들 이런 경험을 해보았을 것이다.

본격적으로 일을 시작하면서부터는 직접 옷을 만들어 입을 시간도 없거니와 옷을 봉제하는 일도 쉬운 일이 아니었다. 사실 봉제라는 일이 굉장히 전문적인 일이라 학교에서 몇 번 재봉질을 해봤다고 잘하는 일이 아니다. 현재 활동하는 일반적인 봉제사들의 경력은 30~40년 이상의 경력직들이 대다수이다. 기성복 수준의 옷을 만들어 내려면 숙련된 봉제 실력이 있어야 한다는 것을 일하다 보면 자연스럽게 알게 된다.

예전에 내가 만들어 입은 옷은 삐뚤빼뚤하게 재봉틀로 박혀 있어서 기성복으로서 가치가 없다는 것을 자연스럽게 알게 되었다. 그리고 균형적인 박음질과 옷에 달린 수많은 부자재와 복잡하고 정교한 짜임새를 보면 쉽게 만들 수 있는 것이 아니라는 것을 깨닫게 된다. 봉제사라는 전문적인 직업을 하루아침에 쉽사리 따라 할 수 없는 것이다. 긴 시간 다져지는 엄청난 숙련에서 나오는 직업이다. 드물지만 가끔씩 디자이너들이 테스트용으로 재봉질을 하는 경우가 있다. 그럴 때면 봉제사들이 곁에서 불안한 듯 지켜보며 우리의 서툰 모습에 귀엽다는 눈빛을 보내곤 했었다.

물론, 내가 만든 옷을 만들어 입을 수도 있다. 어렵지 않은 난이도의 옷은 못할 것도 없겠지만, 경력이 쌓일수록 잘 만들어진 옷의 기준을 잘 알기에 쉽지 않은 것 같다. 특히 내 주변의 디자이너들은 직접 디자인한 옷은 구매해 입어도 직접 만들어 입는 사람은 못 봤다. 하지만 사람의 취향은 갖가지이니 못 만들어 입을 일도 아니다.

Q4
밤샘 근무가 많다던데 사실인가요?

처음 입사를 했던 해가 2004년이었다. 그 당시에는 주 5일 근무를 했고, 격주로 토요일 출근을 했었다. 물론 잦은 야근을 하긴 했지만 신입 디자이너 1~2년 차 때만 그랬던 것 같다. 그 뒤로는 회사나 디자인 일에도 익숙해져서 야근하는 일이 거의 없었다. 야근이나 밤샘 근무는 아마 현재 어느 브랜드나 흔한 일은 아니다.

우리나라의 근무 환경이 예전과 같이 늦게까지 남아서 야근하고 상사의 눈치를 보고 퇴근하는 일이 사라진 것처럼 디자인 업계도 마찬가지다. 지금 일하는 디자인실은 오후 5시만 되면 컴퓨터가 자동으로 종료되고 소등된다. 그리고 주 35시간만 일을 한다.

처음에 시행됐을 때는 스케줄이 타이트한 패션업과는 맞지 않는다고 했었다. 4~5년 전 처음 시행되었을 때는 불가능하다고 생각했는데 다들 잘 적응해 나가고 있다. 과거 토요일 근무를 없앨 당시 생산에 차질이 생겨 큰 문제가 될 것이라고 했다. 하지만 현재 주 5일 근무는 너무나 당연한 일상이 되어 버렸다. 물론 디자이너로서 할 일도 많고 바쁘긴 하지만 어느 일이든 한가한 일이 존재할까?

근무 환경은 시대에 따라 변하는 것이고 디자인의 업무는 특히나 개인 역량이 중요한 분야이기 때문에 나 자신이 가장 중요하다. 지금은 시간을 효율적으로 쓰는 사람이 일을 잘하는 사람이라고 생각한다. 특히나 창의적인 업무가 주된 일이므로 내 할 일을 하고 내가 목표한 디자인을 완성하기 위해서 일을 해야 한다.

Q5
주말에도 일하는 날이 많나요?

출장을 제외하고는 주말에 일한 적은 없다. 광고 촬영이 토요일에 있는 경우가 가끔 있었지만, 토요일에 근무할 경우 주중 하루 자유롭게 연차를 사용하게 되어 있다. 요즘의 근무 환경이다. 최근 몇 년 사이 우리나라의 근무 환경은 유럽의 어느 나라 못지않게 좋아졌다. 이제는 자발적인 야근마저도 회사에서 장려하지 않는다.

20년 전, 프랑스에서 주 40시간제를 주 35시간제 근무로 바꾸면서 근로자들의 반발이 오히려 많았다. 근무시간이 5시간 줄어드는 대신 월급도 줄어들어서 여기저기서 파업을 많이 했었다. 충분한 휴식과 다양한 복지, 일과 가정의 양립성, 워라밸 Work and Life Balance 을 자랑하는 프랑스 노동법이지만, 프랑스에서 주 35시간제는 2000년 처음 도입된 이후 지금까지도 논란의 중심에 서 있다. 하지만 주 35시간제는 오늘날 하나의 사회적 기준으로 자리를 잡아 이를 폐지하거나 개혁하는 것은 굉장히 어려운 과제이다. 지금은 프랑스 국민들이 현행 유지를 원하는 만큼 다시 업무시간이 늘어나는 건 힘들다.

내가 처음 일을 시작했을 때는 주 40시간제였지만 야근도 많았고 토요일 격주 근무까지 했던 시기이다. 그러다 그다음 해엔 토요일 근무제도가 사라졌다. 그리고 현재 내가 일하는 브랜드도 주 35시간제이다. 주 35시간을 근무하는 회사가 이렇게 많아지고 있으니 요즘 같아선 격세지감을 느낀다. 게다가 주 4일을 근무하는 브랜드도 생겨나는 것을 보면 지금의 화두는 일을 얼마나 많이 하는가가 아니라 어떻게 일을 하는가가 더 중요한 점인 것 같다.

패션 업계의 특성상 제조는 물리적으로 일하는 시간이 필요하긴 하나 일하는 환경이 전체적인 사회적 분위기에 맞춰 갈 수밖에 없는 것이 사실이다. 효율적으로 일하는 방법을 터득해 나가고 제조와 생산에 대한 생각은 늘 상황과 맞춰 나가야 할 숙제이다. 업무시간이 줄어들어도 코로나 19와 같은 상황이 오면 변화하면서 적응해 나가고 있는 것을 보면 말이다.

Q6
패션계는 박봉이라는 게 정말인가요?

배우는 박봉일까? 우리가 아는 스타를 제외하고는 박봉일 것이다. 고정적인 수입이 없기 때문에 개인의 유명세나 작품에 따라 엄청난 차이가 있다고 알고 있다. 하지만 몇몇 연예인은 소속사에 속해 있어 월급을 받는다고도 알려져 있다. 패션계를 연예계에 비교하는 것이 조금은 어폐가 있겠지만 그만큼 개인 능력에 따라 엄청난 차이가 날 수 있는 직업이다.

2000년 초반 내가 파리의 존 갈리아노John Galliano 에서 인턴을 할 때였다. 그 당시 존 갈리아노는 크리스티앙 디오르의 디렉터였고 동시에 자신의 브랜드 존 갈리아노를 할 때였다. 디자인 스튜디오는 20구의 숨겨진 아름다운 정원이 있는 커다란 로프트 스타일의 디자인실이었다. 물론 당시 그의 연봉이 얼마였는지 모르겠지만 그의 명성은 어마어마했다. 2013년 기사에 따르면 연봉 260만 달러와 품위 유지비 등을 포함하면 500만 달러였다고 한다.

그가 디자인실에만 나타나도 수군거리면서 인사만 해줘도 영광이었던 순간이었다. 나는 그의 디자인 스타일을 아주 좋아하지는 않았지만 수천 겹의 러플로 만든 무슬린 드레스로 가득 찬 컬러풀한 패션쇼는 20년도 지난 지금까지 기억이 생생하다. 너무나 빅스타여서 다들 눈만 맞춰도 감격하는 분위기였다. 그렇게 성공한 디자이너는 과히 연봉이 천문학적일 수 있다.

세계적인 스타 디자이너가 연봉이 높다는 것은 누구나 예상하지만 일반 디자이너들은 어떨까? 내 경우에는 그동안 계속 대기업에 소속된 브랜드에서 일을 해왔고 그렇다 보니 안정적이면서 적지 않은 연봉을 받았다고 생각한다. 다시 말해 자신이 속한 회사가 어떤 규모의 회사인지에 따라 연봉은 달라진다. 그리고 노력과 성과에 따라 해마다 쌓아가는 것이다.

만약 유명하지 않은 디자이너 브랜드에서 일을 시작하면 박봉일 것이고, 대기업에 속한 브랜드를 다니면 그 기업의 신입사원 연봉에 맞춰서 받을 것이다. 단순히 연봉을 따진다면 대기업을 들어가야겠지만 자기 원하는 것이 나만의 브랜드를 내는 것이라면 개인 디자이너 브랜드에 들어가서 다양한 일을 접해 보는 것이 더 중요할 것이다. 그리고 무슨 일이든지 내가 열심히 하고 게다가 즐긴다면 돈은 따라온다고 생각한다.

월드 스타가 될 정도로 천재성 있는 디자이너라면 좋겠지만, 내 일을 사랑하고 자부심을 가지고 즐겁게 일해서 나름 어느 분야를 놓고 봐도 빠지지 않는 연봉을 받아왔다. 단순히 매일매일 열심히 일하고 내가 생각하는 방향을 놓치지 않고 살다 보면 연봉은 어느 정도 따라온다고 말할 수 있다.

Q7
패션 디자이너는 날씬해야 하나요?

Abler Elbaz, 1961. 06. 01 ~ 2021. 04. 24

날씬해야 할 이유는 없다. 능력 있는 매력적인 디자이너가 되면 된다. 2명의 디자이너를 예로 들어 보겠다.

세계적인 패션 디자이너 알베르 엘바즈Alber Elbaz는 동글동글한 체격이 마스코트이다. 2001년, 그는 랑방Lanvin의 크리에이티브 디렉터가 되어서 잊히고 있던 랑방을 다시 패션계에 최고의 브랜드로 만들어 냈다. 남자이고 다소 통통한 체격의 그가 보여줬던 15년간의 랑방은 여자를 가장 우아하게 표현했고, 실루엣은 영원히 남을 만큼 아이코닉했다.

그의 디자인은 하나하나 주옥같아서 6~7년이 지났어도 그 시절의 랑방은 지금까지 아름답다고 생각한다. 그는 일에 푹 빠져 휴가도 가지 않는다는 얘기가 있을 정도로 워커홀릭이었다고 한다. 그렇게 랑방을 최고의 브랜드로 올려놓았던 그가 떠난 뒤의 랑방은 이제는 옛 명성만 남아 있을 뿐이다. 그래서인지 파리에 가도 더 이상 랑방 매장을 방문하지 않게 되었다.

5~6년 전 파리 출장에 갔을 때의 일이다. 하루 종일 시장조사와 박람회를 다니다 저녁 식사를 하러 어느 한식당을 들렀다. 식사를 마치고 나오다가 우연히 알베르 엘바즈와 마주쳤는데 너무 상냥하게 인사를 해주어서 아직도 그에 대한 좋은 기억이 남아 있다. 한식 중에 삼겹살과 김치볶음밥을 특히 좋아한다고 했다. 인터뷰와 언론에서 본 모습처럼 밝고 푸근한 인상으로 손을 흔들어 주던 모습이 눈에 선하다.

Azzadine Alaïa, 1939. 02. 28 ~ 2017. 11. 18

아제딘 알라이아 Azzedine Alaï 는 굉장히 단신이었다. 그가 생전에 찍은 사진을 보면 사람들의 어깨 아래에 서 있다. 여자 스타의 등이나 어깨에 기대어 찍은 사진은 당당하고 사랑스럽다.

그는 여성 신체의 아름다움을 가장 뛰어나게 표현한 디자이너다. 시그니처 니트 드레스의 조직감은 볼 때마다 감격스러울 정도이다. 여성의 볼륨을 고급스럽게 드러내서 할리우드의 멋진 스타는 물론 일반인까지 모두 알라이아의 드레스를 입고 싶어 하는 것이다. 알라이아의 아이코닉한 펀칭 가방과 슈즈도 언제나 세련되고 고급스럽다. 특유의 블랙과 아이보리, 더스티 핑크 컬러는 집요한 그의 컬렉션을 더욱 집중하게 만드는 요소이다.

알베르 엘바즈와 아제딘 알라이아는 모두 남자 디자이너이지만 세기에 남을 여성복을 디자인했다. 디자이너가 되는데 성별도 날씬한 것도 키도 중요하지 않다. 디자이너는 꿈꾸는 바를 실현하는 사람이다. 나 역시 날씬하거나 키가 크지도 않다. 아무도 완벽한 사람은 없다. 완벽하지 않은 외모, 부족한 능력은 발전을 위한 최고의 에너지가 될 수 있다.

Q8
감각을 잃지 않기 위해 자기계발을 꾸준히 해야 하나요?

어느 분야든 꾸준한 자기계발이 필요하다. 습관처럼 몸에 익히면 그리 어렵지 않다. 패션은 늘 우리 곁에 있는 의식주이기 때문에 어렵게 생각할 필요가 없다. 특히나 옷은 매일 입고 다니는 만큼 신경을 안 쓸 수가 없다.

자기계발이라고 해도 별 게 아니다. 때로는 디자인에 너무 피곤하다고 느껴지면 나를 위해 쇼핑을 한다. 단순히 내가 입을 옷을 찾아보면서 머리도 식히고 내 체형에 맞는 옷을 찾다가 현실적인 감각을 익힐 수도 있으며 번쩍이는 아이디어가 나올 때도 있다. 그것도 피곤하면 건축에 관한 책을 보거나 가구 쇼핑을 한다.

특히 체어의 곡선을 보며 영감을 받을 때가 많다. 체어는 옷과 같아서 인체를 담는 물건이다. 엔트 체어의 곡선을 보면 여자의 체형과 비슷하게 보인다. 잘록한 허리 같아 보이기도 해서 꽉 졸라 입은 재킷 같다. 팬톤 체어의 옆 라인은 마치 발렌시아 코트를 입은 듯하게 보인다. 체어의 컬러도 영감을 주는 것 중 하나다. 오래된 클래식 체어가 시즌 컬러를 입혀 새로운 상품으로 나오는 것을 보면서 트렌드 컬러도 엿볼 수 있다. 20세기 초반의 거장의 체어를 보면서 시대가 지나도 변하지 않는 클래식의 가치를 느낀다.

건축도 소비자가 있는 디자인이다. 우리 생활에 밀접한 공간이기에 그것을 보면서 새로움과 경이로움을 느낄 수 있다. 매일 입는 옷처럼 우리가 사는 공간도 많은 사람들의 생각과 아이디어에서 나온 것이다. 어떤 사람이 표현하는 공간은 누가 봐도 아름다워서 사진을 남기는 것처럼 아름다운 공간에서 새로움을 얻을 때가 많다.

또한, 나는 해외출장을 갈 때 꼭 맛있는 레스토랑을 예약해서 간다. 요즘 우리나라도 맛있는 레스토랑은 몇 달 전에 예약해야 하지만 유럽은 저녁에 맛있는 식사를 하려면 특히나 예약이 필수이다. 저녁을 즐기기 위해 점심은 최대한 간단히 먹고 낮의 시간 동안 시장조사나 미팅에 집중하는 편이다. 맛있는 저녁도 저녁이지만 그곳의 분위기도 느끼고 정성스럽게 나온 음식의 플레이팅을 보기 위해 레스토랑에 가는 이유도 있다. 이곳에서도 영감을 받을 수 있는데, 요리의 플레이팅도 트렌드가 민감해서 파리의 레스토랑은 세계의 트렌드를 느끼기 좋은 곳이다.

자기계발은 어렵게 찾아가면서 할 필요가 없다고 생각한다. 관성의 법칙이라고 했던가. 의식주의 아름다움을 찾고 탐미하다 보면 자연스럽게 녹아서 그것이 결과물이 되어 나온다. 그 취향이 쌓여서 만들어지는 것이 경험에 의한 참된 디자인일 수 있다. 디자인은 곳곳에 깔려있다. 언제나 걸치는 옷과 느끼는 공간, 그리고 먹는 음식으로 자기계발을 할 수 있는 디자이너의 직업이 참 좋다.

3 패션 디자이너에게 묻기

패션 디자인을 하다 보면 각자가 아이디어를 얻는 방식이 있다. 시장조사를 열심히 해서 자료를 모아두기도 하고, 인터넷에서 자료를 찾아보기도 하고, 뮤지엄을 가기도, 책을 사기도 한다. 보통 디자이너들은 대부분 이렇게 자신만의 자료를 모아두고 있다.

나는 시즌별 자료와 아이템별 자료를 따로 만들어서 정리해둔다. 여기에 디테일, 프린트, 인스피레이션 사진, 컬러 등을 따로 분리해 정리한다. 자료를 너무 많이 모아두다 보니 찾기가 힘들어져서 정리를 잘 해두지 않으면 사용할 때 답답함이 온다. 그래서 최대한 파일에 이름을 붙여놓고 시즌이 끝나면 버릴 것은 버리며 정리한다. 여러 해 디자인을 하다 보면 자료를 모으는 효율적인 방식이 생길 것이다.

후배 디자이너들이 해마다 정기적으로 입사하면 같은 팀으로 꾸려지지 않은 이상 긴밀하게 노하우를 전해줄 수가 없는 것이 사실이다. 서로 바쁘다는 핑계로 디자인실에 입사한 막내 디자이너의 고충을 일 년에 한 번 듣기도 힘들다. 회사는 학교가 아니기 때문에 질문을 하고 싶어도 눈치가 보이는데 한

번은 신입 디자이너 한 명이 퇴근 전에 질문 몇 개를 가져와 물어본 적이 있다. 얼마나 답답하고 궁금했으면 물어볼까 하는 생각도 들면서 기특하기도 했었다.

막상 일을 시작해서 디자인되어 나오는 옷은 보지만 어떻게 시작해야 할지 모르는 신입 디자이너들이 있다. 주변에 친절한 선배 디자이너가 없어도 몇 가지 노하우가 있으면 자신만의 세계를 만드는 것이 좀 더 수월해질 것이다. 그리고 현실적인 업무의 궁금증은 용기를 내어 물어보는 것도 방법이다. 대부분의 디자이너 선배들은 아주 친절히 알려줄 것이다.

Musée Picasso Paris, 파리 피카소 박물관

Q1
패션의 영감은 어디서 얻나요?

정말 다양한 분야에서 얻을 수 있다. 영감은 가까운 곳에서부터 조금 먼 곳까지 찾을 수 있다. 가까운 곳이라 하면 마켓이라고 할 수 있고, 먼 곳이라 하면 마켓 밖이라 하겠다.

현재 유행하는 시장에서 영감을 얻는 것은 사실 이미 늦었다. 패션의 제조과정은 제품의 가격과 스타일에 따라 다르지만 적어도 2~3개월의 생산과정을 거치고 유통된다고 가정하면 지금 백화점에서 잘 팔리는 옷은 2~3개월이 지나면 더 이상 진열되어 있지도 않을 것이다.

패션을 공부하는 학생에게는 단순히 마켓에서 어떤 옷이 유행하는지, 어느 브랜드에서 무슨 옷이 잘 팔리는지 조사하라고 하고 싶지 않다. 현재의 유행은 이미 알고 있어야 하고, 적어도 6개월 전에 기획된 것이라 유행만 좇다 보면 늘 한발 늦는 사람이 될 수밖에 없다. 물론 소비자는 마켓의 유행만 좇아도 되지만 디자이너는 미리 앞서 기획해야 한다. 그래서 패션 필드에 나가기 전에 미리 마켓 밖에서 영감을 얻는 훈련을 했으면 좋겠다. 가장 좋은 것은 책이다. 복식사에 대한 책 한두 권은 소장했으면 하는데, 시대별로 정리된 것을 읽으며 시대별 유행의 변천사를 알 수 있다. 유명한 패션 디자이너나 브랜드에 관한 책도 좋다. 무엇에서 영감을 받아 이번 컬렉션을 기획하였는지 상세하게 설명되어 있고, 영감을 받은 작품도 나와 있기 때문에 참고하면 좋다. 하나하나 찾다 보면 상식도 풍부해지고 분명 다른 점을 느끼고 얻어가는 것이 생길 것이다.

도시별 패션쇼를 망라한 책도 있다. 예전엔 구독할 만큼 열심히 봤는데 지금은 인터넷으로 쇼를 실시간으로 볼 수 있어서 여러 사이트에서 파리, 뉴욕, 밀라노, 코펜하겐, 서울 모든 쇼를 다 관람하고 있다.

패션쇼는 전 세계의 흐름을 익히기에 좋다. 다양한 패션 잡지도 있지만 시대의 흐름에 따라 잡지사들이 예전만 못한 것이 사실이고 그 내용도 요즘 인터넷 속도를 따라가기 어렵다. 예전 디자이너나 전공생이라면 늘 보그, 엘르, 퍼플, W와 같은 잡지는 구독하여 봤었다. 특히 보그지는 나라별대로 따로 구독까지 했을 정도였는데 지금은 나조차도 구독을 끊었으니 패션 잡지의 생태계가 이미 다 바뀐 것 같다. 이젠 인터넷으로 구독하고 실물 잡지는 소장하고 싶은 호가 발간되면 사는 정도이다.

웹 매거진을 찾아보는 것도 좋다. 미술, 건축, 조형, 사진 등 내용이 무궁무진하다. 실제로 디자이너들은 작품에서 영감을 많이 받는다. 이브 생 로랑의 60년대의 대표적인 미니멀 하면서 컬러풀한 원피스는 몬드리안 작품에서 영감을 받은 것이다. 프라다의 유명한 바나나 프린트는 조세핀 베이커의 바나나를 허리에 두르고 춤추는 모습의 포스터에서 영감을 받아 만들어졌다.

전시회를 통해서도 영감을 받을 수 있다. 출장이나 여행을 갔을 때 시간을 내어 꼭 들르는 곳은 뮤지엄이다. 책으로 본 작품을 실제 눈으로 볼 때의 생생한 느낌은 굳이 설명하지 않아도 될 것 같다. 마치 역사의 한 장면에 들어간 듯하다. 크고 유명한 곳도 좋지만, 작고 아담한 주택 같은 뮤지엄도 추천한다. 파리의 루브르 박물관이나 국립 기메 동양 박물관, 퐁피두 센터 미술관, 오르세 미술관, 피카소 미술관, 로댕 미술관 등 가야 할 뮤지엄은 많지만 기획과 상설 전시를 다 보려면 파리에 살아도 불가능할 것 같다. 귀스타브 모로 박물관 Musé Gustave Moreau , 빅토르 위고의 집 Maison de Victor Hugo 처럼 작은 규모의 박물관을 직접 방문해보면 시대의 유행과 고증이 더 눈에 확 들어올 것이다.

그리고 영화에서 많은 것을 얻는다. 지난 시즌을 디자인할 때 해외의 휴양지를 가고 싶었다. 하지만 코로나 19로 인해 해외에 갈 수가 없었고 대신 휴양지 느낌이 물씬 나는 영화를 찾아보았다. 오랜만에 〈태양은 가득히 Purple Noon 〉와 〈리플리 The Talented Mr. Ripley 〉의 두 영화를 비교해 보면서 이번 시즌 테마에 응용해 봐야겠다는 생각이 들었다. 영화의 배경과 시즌이 잘 일치되고 현재 트렌드와도 잘 매칭이 될 것 같았다.

두 영화의 배경이 이탈리아의 휴양지이고 배우들의 룩이 시대가 지나도 회자 될 정도로 아름답다. 재미있는 것은 〈태양은 가득히〉는 60년도 영화이고, 〈리플리〉는 99년도 영화이다. 39년이라는 사이를 두고 만들어진 영화인 만큼 연출법이나 배우들의 연기를 비교해 보는 것도 하나의 묘미이다. 특히 여자 주인공인 마리 라포레 Marie Laforet 와 기네스 팰트로 Gwyneth Paltrow 의 의상이 지금의 유행에도 뒤처지지 않을 만큼 우아하며 리조트 룩의 정석이라고 일컫는다. 이처럼 영화에 나오는 배우들의 의상, 컬러, 배경 모두가 영감의 원천이 된다.

Maison de Victor Hugo, 빅토르 위고의 집

Q2
패션쇼에 자주 가나요?

디자이너로서 패션쇼에 자주 갈 일은 없다. 디자이너는 보통 패션쇼의 주최자이기 때문이다. 회사와 관계되어 있는 쇼에 초대를 받거나 지인의 패션쇼를 갈 때는 입장이 또 다른데 스테이지 바깥에서 보는 패션쇼의 느낌은 참 오묘하고 색다르다.

패션쇼는 디자이너가 언론과 바이어에게 자신의 컬렉션을 선보이는 자리이다. 패션 기자나 패션 브랜드 바이어라면 패션쇼에 갈 기회가 많을 것이다. 반대로 패션쇼를 여는 주최자라면 패션쇼에 가기보다 직접 열어서 초대장을 보내야 한다. 그래서 유명 디자이너의 패션쇼를 보면 앞줄부터 스타와 유명 잡지 편집장, 인플루언서, 그리고 바이어, 기자들로 채워진다.

흔히 패션쇼를 보면 유명스타들이 줄지어 들어가는 것을 보았을 것이다. 패션쇼는 브랜드에게 가장 오래된 광고이기 때문이다. 브랜드를 알리는 전통적인 방식으로 초대된 스타들에겐 이번 시즌의 옷과 액세서리가 제공된다. 이렇게 패션쇼는 단순히 옷을 감상하는 자리보다는 전 세계 바이어들에게 컬렉션을 선보이고 평가를 받는 자리다. 디자이너에겐 가장 바쁘고 긴장되는 순간이고 공들인 작품을 선보이는 자리이기 때문에 부담이 되는 날이기도 하다.

유학생일 때 유명 브랜드 패션쇼의 헬퍼를 여러 번 해본 경험이 있다. 전쟁 같던 백스테이지의 모습을 생생하게 느낄 수 있었다. 쇼가 9시라면 헬퍼들은 3시간 전에 가서 준비하는데 만약 브랜드 스텝이라면 준비할 일이 태산일 것으로 생각한다. 한 번쯤은 패션쇼 헬퍼의 경험을 해보는 것이 좋은데, 패션쇼의 현장감은 물론 얼마나 많은 준비가 필요한지 쉽게 이해할 수 있을 것이다.

한국에서 일했던 브랜드에선 패션쇼가 없었지만, 여러 오픈 행사를 준비했었다. 사실 패션쇼와 비슷한 행사라서 긴장감과 스트레스가 많았다. 이처럼 디자이너는 패션쇼에 초대받는 손님이 아닌 주최자라서 즐길 여유가 없다.

Q3
아이디어가 떠오르지 않을 땐 어떻게 하나요?

아이디어가 떠오르지 않을 때는 일단 멈춰야 한다. 나의 경우 잠시 멈추고 다른 일을 한다. 다른 일에 열중하다 보면 아이디어가 갑자기 떠오를 때가 있는데, 고민하면서 시간을 버리지 않을 수 있다. 그래도 떠오르지 않는다면 자료를 찾는다. 책, 인터넷, 시장조사를 통해 자료를 모으다 보면 어느 정도 정리가 되기 때문이다.

책과 인터넷은 자료는 방대하다. 시대별 자료를 검색해 보는 것이 유용하다. 재킷 디자인을 하다가 아이디어가 고갈되었다면 재킷을 잘 만드는 브랜드를 찾아본다. 시즌별 차이점을 비교해 보고 변화의 느낌을 캐치하기 위함이다. 많은 유명한 디자이너들이 빈티지에서 영감을 얻는 것처럼 시대별로 찾아보는 것도 좋다. 광장 시장이나 동묘로 직접 나가보는 것도 방법이다. 저렴한 가격의 빈티지를 찾아 자르고 줄여보며 새로움을 찾는 것이다.

시장조사를 나가서는 내가 생각한 디자인에 가까운 옷을 찾아 입어본다. 될 수 있으면 실루엣이 비슷한 옷을 찾아보려고 한다. 입어보고 무엇이 좋고 어떤 점이 바뀌어야 할지 생각해보고, 소재는 어떤 점이 좋은지 또는 어떻게 바꾸면 좋을지 상상해 보는 것이다. 하지만 디테일을 보는 것은 추천하지 않는다. 옷에서 가장 중요한 것은 실루엣이다. 그리고 실루엣에 맞는 소재를 찾는 것이다. 단순한 디테일에서 디자인을 시작하면 창의적인 디자이너가 될 수 없다. 사고의 체계는 넓은 쪽에서 좁은 쪽으로 사고하는 것이 효율적이다.

사실 이 방법은 내가 파리에서 학교에 다닐 때 배웠던 방법이다. 1학년 수업시간에 파리의 다양한 숍을 둘러보는 기회가 있었다. 그중 중고의류 숍도 포함되어 있었다. 그때를 계기로 새로운 과제가 생기면 '게리솔Guerrisol'이라는 중고의류 숍에서 1~2유로에 옷을 구매해와 뜯어보기도 하고, 단추를 바꿔 달아보기도, 원단을 잘라 다른 원단에 붙여보기도 했다. 저렴한 가격이라 원 없이 해체해서 뜯어보다 버려도 아깝지 않았다. 가끔가다 60~70년대의 에르메스 스커트나 버버리 트렌치코트를 구하는 경우도 있는데 마치 보물을 캐는 느낌이다.

이처럼 다양한 서적과 인터넷, 시장조사를 통해 꾸준히 아이디어를 찾다 보면 나만의 파일이 만들어질 것이다. 나는 여기에 아이템별로 저장해두며 디자인의 원천으로 사용하고 있다.

Q4
유행하는 컬러와 옷은 누가 정하고, 어떻게 알 수 있나요?

다양한 디자인 연구 기업에서 정한다. 색을 가장 체계화시킨 기업이자 세계적인 색채연구소로 불리는 '팬톤 Pantone '은 매년 올해의 컬러를 발표한다. 팬톤의 전문가들이 각 브랜드에서 어떤 컬러로 옷을 만드는지, 대중이 어떤 컬러를 좋아하는지 연구하고 조사해서 발표하는 것이다.

그 외에 트렌드를 조사하는 기업도 있다. 유명한 회사로는 30년 전에 설립된 '페클러 파리 Peclers Paris '라는 프랑스의 트렌드 예측 에이전시가 있다. 이곳에서 발표하는 자료는 전 세계 많은 브랜드에서 시즌 초에 참고 자료로 쓰인다. 컬러뿐만 아니라 소재, 실루엣, 스타일 등 패션에 관한 전반적인 트렌드를 볼 수 있다. 또한, 인테리어 및 산업 디자인 분야도 나와 있어서 패션 외 디자인 전반적으로 소비자의 기대치를 분석한다고 해도 과언이 아니다.

그 외에도 영국의 'WGSN' 회사는 한국어로도 서비스되는 트렌드 전문 예측 기업이다. 우리나라 기업으로는 '퍼스트뷰코리아'가 있다. 이러한 기업에서 발표하는 트렌드 자료를 바탕으로 올해의 유행하는 컬러와 옷이 만들어지는 것이다.

사실 이런 자료들은 회사에서 보는 유료 서비스 자료이다. 개인이 구독해서 보기에는 고가의 방대한 리서치 자료일 뿐이다. 나도 시즌 초 한 번 훑어보는 정도이지 트렌드 자료에 의존하지는 않는다. 전체적인 방향성만 나와 있기 때문이다. 물론 이런 자료들이 불필요하다는 것은 아니지만 패션 필드에서 일하기 전에는 본인만의 스타일을 찾는 것이 더 중요하다. 참고 자료는 자료일 뿐 전부가 아니다.

http://pantone.kr/
https://www.peclersparis.com/en/trend-books/
https://www.wgsn.com/ko/wgsn/
https://www.firstviewkorea.com/

Q5
기억에 남는 디자인이 있나요?

기억에 남는 디자인은 아무래도 대중에게서 사랑을 받은 디자인이다. 디자인할 때는 전부 다 소중하지만, 인간은 망각의 동물이라는 말처럼 시간이 지나면 그 많은 디자인이 기억나진 않는다. 하지만 시장에서 반응이 좋고 잘 팔리는 상품은 시간이 지나도 기억이 난다. 디자이너로서 모든 디자인에 신경을 쓰고 있지만, 나마저도 인기상품을 기억한다는 것에 깜짝 놀랄 때가 많다. 안타깝지만 디자인할 때 아무리 신경을 썼어도 시장에서 외면받은 상품은 몇 년이 지나면 그 상품의 반응이 어땠는지 기억이 흐려져 있다.

유학 시절, 첫 패션쇼를 할 때 디자인했던 옷도 기억에 남는다. 아직 졸업반은 아니었지만 선배들과 패션쇼를 함께하는 감사한 기회를 얻게 되었다. 내가 디자인한 작품은 화이트 셔츠와 브라운 팬츠의 옷이었는데 화이트 셔츠 소매에 커다란 단추 포인트가 특징이었고, 브라운 팬츠는 울 소재로 가슴 아래까지 오는 하이웨이스트였다. 아직도 그때의 졸업 작품을 간직하고 있다. 지금 보니 어떻게 이런 디자인이 나왔나 싶지만 현재의 내 스타일에서 크게 벗어나지 않아 신기했다.

사실 18년간 일하면서 기억나는 디자인은 많다. 그래도 굳이 하나만 선택한다면, S 브랜드를 론칭할 때 기획한 디자인이다. 체어의 프린트에서 영감을 받아 니트 팬츠, 니트 터틀, 실크 셔츠에 모두 같은 프린트를 넣었다. 실크 셔츠에는 실크스크린 기법으로 찍고, 니트 위아래는 자카드로 편직해서 같은 프린트를 넣어 표현했다. 이 착장으로 광고도 촬영했는데 아직도 그날의 기억이 생생하다. 좋은 컷이 나오길 기도하며 촬영했던 것 같다. 다행히 만족스러운 컷이 나왔고 사진은 여러 매체에서도 활용되었다.

이를 보아 디자이너의 가장 매력적인 점이라고 하면 머릿속에 생각한 것을 결과물로 구현할 수 있다는 것과 항상 아름다운 것들을 보고 만지며 일하는 축복 받은 직업 중 하나라는 것이다.

Q6
디자인을 잘하는 노하우가 있나요?

디자인을 잘하는 노하우는 사람마다 다르겠지만 나는 실루엣을 가장 먼저 찾는다. 현재의 트렌드를 보고 어떤 실루엣을 디자인할지 고민하는 것이다. 실루엣Silhouette은 윤곽 안이 단색으로 채워진 이미지로 그림자와 동의어라고 생각하면 된다.

실루엣은 우리나라처럼 유행이 아무리 빠른 곳이라 하더라도 해마다 변하는 것이 아니라 10년 단위로 변한다고 보면 된다190p 참고. 실루엣이 그림자라고 할 수 있으니 어깨서부터 생각해보자. 오버 사이즈의 빅 숄더라면 그 아래 무엇을 입어야 어울릴지 고민해보는 것이다.

하의 고민이 끝났다면 그다음은 웨이스트를 결정해야 한다. 웨이스트의 유행은 패션에 조금만 관심 있는 사람이라면 직감으로 알 수 있다. 웨이스트의 위치를 정하는 것이다. 그다음은 네크라인의 모양과 깊이를 정해야 한다. 넥크라인의 모양을 정했다면 깊이에 변화를 주거나 칼라가 있으면 칼라 모양에 변화를 주어야 한다.

상의를 디자인했으니 하의를 디자인해보자. 웨이스트를 결정했으니 하의의 볼륨을 정하면 된다. 크게 A라인, H라인 중 하나를 결정했다면 그 볼륨의 양을 어떻게 표현하는지가 디자인이다. 큰 주름이 많은 풍성한 A라인을 할지 주름 없이 깨끗한 A라인을 할지 결정하는 것이다. 마지막은 디테일이다. 소매의 볼륨, 소매 단의 모양, 허리 단의 모양, 포켓 모양, 스티치 유무, 단추 디테일 등을 생각하면 된다.

쉽게 말하면 숲에서 나무를 보고 그 나무에서 기둥, 가지, 잎사귀 디테일하게 좁혀 들어가는 것이 효과적이다. 누군가가 잎사귀부터 디자인하면 안 되느냐고 물을 수도 있다. 물론 자유지만 표현을 좁혀가는 것이 가장 효과적인 디자인의 표현 방법이라 할 수 있다.

거장의 스케치를 보면 실루엣을 쭉 그려놓고 표현하고 싶은 컬러나 소재를 매칭하는 것을 봤을 것이다. 반대로 표현 하고 싶은 프린트나 소재가 있으면 그다음에 어울리는 실루엣을 찾는다. 디자인의 출발은 어디에서나 할 수 있지만 발전시키는 첫 번째 관문은 실루엣을 찾는 것이다.

실루엣에서 디테일까지 디자인 방법

실루엣 찾기

웨이스트와 상, 하의 결정

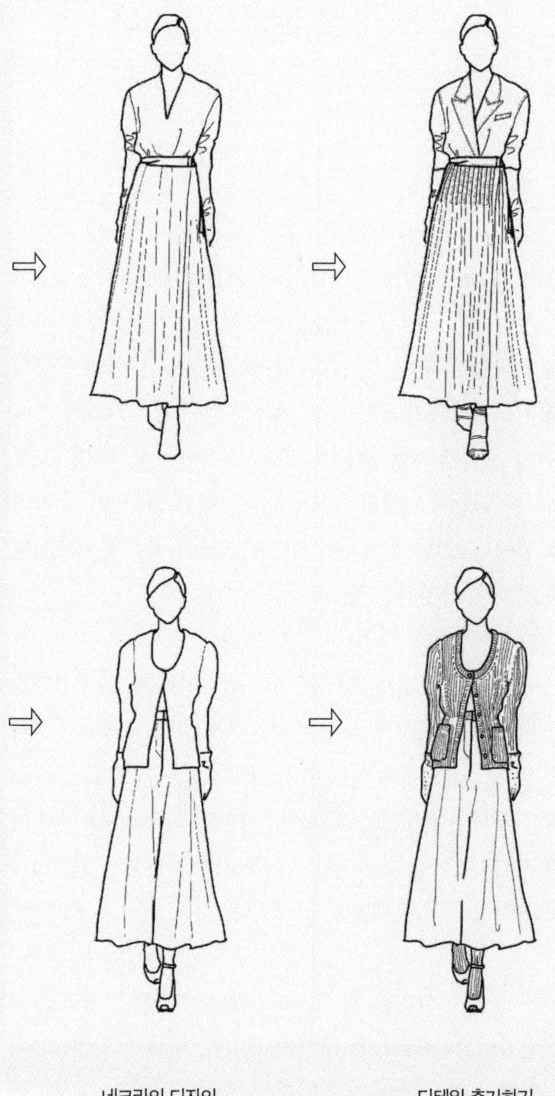

네크라인 디자인

디테일 추가하기

Q7
패션은 정말 돌고 도나요?

정말 돌고 돈다. 90년대 중반 짧은 크롭 티셔츠와 하이웨이스트 청바지에 워커가 유행했었다. 요즘 대학생들 보면 비슷한 차림새를 쉽게 볼 수 있다. 날씬한 허리를 드러내고 상의가 타이트하게 들러붙는 대신 팬츠는 와이드로 퍼져서 다리를 길어 보이게 입는 모습이 정말 비슷하다. 90년대는 소위 보이시한 힙합의 느낌이었다면 지금은 여성스러움이 더 가미된 느낌이다. 30년 전에 유행했던 아이템이 새롭게 재해석되어 현재 다시 유행하는 것이다.

패션은 엄마의 옷장에서 바로 꺼내 입는 식으로 유행하지는 않는다. 누구나 한 번쯤 엄마의 옷장에서 요즘 유행하는 보물 같은 원피스를 발견해 꺼내 입고 외출한 경험이 있을 것이다. 분명 집에서는 괜찮았는데, 쇼윈도에 비친 내 모습이 마치 과거 엄마의 앨범 속 한 장면같이 느껴져 다시는 입지 말아야겠다고 생각한 경험도 분명 있을 것이다.

패션은 돌고 돈다는데 왜 그럴까? 사람의 눈은 간사하고 변덕스러워서 늘 새로움을 찾기 마련이다. 많은 디자이너들이 빈티지에서 영감을 얻는다. 하지만 그들이 옛것을 그대로 차용하지 않는 것처럼 우리도 영감을 받아 변화를 추구하는 것이다. 옷장이 아니더라도 빈티지 숍의 무수히 쌓여있는 옷 무더기의 가치가 얼마인지는 잘 알 것이다. 누군가에게는 킬로그램당 얼마로 팔려나가지만 누군가에게는 엄청난 영감의 근원이 된다. 패션은 살아 움직이는 것이라 그대로 재현했을 때 그냥 코스튬에 지나지 않는다. 시대극의 드레스가 아무리 아름다워도 그걸 그대로 입고 시상식장에 나타나는 여배우가 없는 것처럼 패션에는 현재의 모습이 있어야 한다.

영원한 아름다움을 찾고 싶은 것이 인간의 마음이다. 그래서 세월이 지나도 변치 않는 클래식함을 추구하지만 전부가 클래식함으로 이루어져 있다면 따분할 것이다. 다시 말해 20년~30년 주기로 패션은 돌고 돈다지만 항상 새롭게 재해석 되는 것을 잊지 말자. 지금 최고의 브랜드라 평가되는 샤넬은 60년대도 80년대도 최고의 브랜드였다. 여성들의 로망이자 아이콘인 샤넬은 한때 중상층 부인이 입는 브랜드라 여겨지기도 했으나 지금은 아이돌이 입는 가장 힙한 브랜드이다. 고가의 트위드 제품이 시그니처인 샤넬은 어찌 보면 변하기 정말 힘든 브랜드이지만 급변하는 유행의 선두자리를 늘 차지하고 있다.

이런 샤넬이지만 90년대의 재킷을 바로 꺼내 입을 수 있을까? 신경 써서 스타일링을 하지 않는 한 그냥 빈티지 모델이라는 얘기를 듣기 십상이다. 게다가 이런 고가의 옷을 시대가 지나도 계속 입을 수 있다면 아마도 샤넬은 존재하기 어려웠을 것이다. 소비자가 늘 사주지 않으면 어떤 브랜드라도 유지하기 어렵다. 브랜드도 변화하고 소비자도 변화해서 만들어지는 게 유행이 아닐까? 패션은 돌고 돌지만 새롭게 재창조되어 다시 만들어진다.

TIP.

시대별 패션 트렌드 톺아보기

1920년대는 곡선이 없는 몸매에
심플한 라인과 스포츠 웨어가 일상복으로 입는 것이었다.
클로슈 햇Cloche Hat은 짧은 헤어 스타일에 잘 어울리는 매우 인기 있는 액세서리였다.

1930년대 날씬한 룩에 가장 기여한 것은 바이어스 컷이다.
마들렌 비오네Madeleine Vionnet는 1920년도부터 바이어스 컷을 사용하기 시작했다.
이 방법은 30년대의 대중적인 표현이 되었다.

1940년대 전반부는 제2차 세계대전이 지배하면서 패션은 정체되었다.
남성과 여성 모두 전쟁 중에 종종 제복을 입은 모습을 볼 수 있었으며,
그렇지 않은 경우에는 배급과 유틸리티 의류에 따라 의복 스타일이 결정되었다.

1950년대의 패션은 우아함, 포멀함, 완벽하게 어울리는 액세서리를 우선시했다.
크리스티앙 디오르Christian Dior, 크리스토발 발렌시아가Cristobal Balenciaga와
위베르 드 지방시Hubert de Givenchy가 대표적이다.

1960년대의 패션은 모든 성별과 연령대에 걸쳐 점진적으로 캐주얼해졌다.
우아함, 우주 시대의 영향을 받은 젊은 스타일,
1960년대 후반 히피 스타일의 세 가지 광범위한 트렌드가 있었다.

1970년대 여성들은 집 밖에서 일할 기회가 더 많아지면서
바지나 랩 드레스와 같이 더 많은 자유를 누릴 수 있는 의복을 찾았다.

1980년대에는 패션 전반에 걸쳐 파워 드레싱이 유행했다.
여성용 어깨 패드부터 남성용 파워 슈트, 여성, 아동을 위한 대담한 색상과
패턴에 이르기까지 80년대 패션은 절제된 것이 없었다.
이는 여성들이 고위직에서 일하고 패션을 진지하게 받아들이는 경향을 반영한다.

20세기에 들어 빈티지, 그런지 패션이 유행했으며
헐렁한 오버 사이즈 의류와 청바지가 필수품이 되고,
보헤미안 룩과 동시에 미니멀리즘까지 세기말의 다양성이 존재한다.

21세기 패션은 지금으로는 규정짓기 이르다.
스마트폰과 소셜미디어의 광범위한 사용으로 유명인이 소비자 선택에
중요한 역할을 한다. 인기 있는 스타일은 수년에 걸쳐 변했지만,
데님 청바지는 어디에나 존재하는 필수 아이템이 된다.
소셜미디어를 통한 트렌드 공유, 온라인 패션 판매에 이르기까지
2000년대 패션의 이야기는 처음부터 끝까지 기술과 연결되어 있다.

I am a fashion designer

Part 4 패션 디자이너, 패션으로 말하다

1 패션 디자이너의 현실

디자이너의 생활은 자칫 화려하게 묘사될 수도 있지만 누구보다도 치열한 스케줄을 안고 살아간다. 패션쇼를 준비하는 디자이너나 브랜드에서 일하는 디자이너 모두 적어도 6개월은 먼저 앞서서 디자인을 해야 해서 시간에 쫓기기 일쑤다. 그래서 성공한 디자이너들을 보면 치열하게 사는 사람이 대부분이다.

패션 디자인의 상품은 예정된 시기에 제때 내어야 하는 일이기 때문에 만드는 과정 중에 발생하는 변수가 많은 스트레스를 주기도 한다. 완벽하게 기획을 했다고 해도 사고와 불량품은 항상 생기기 때문에 화가 나는 일이 한두 번이 아니다. 스스로 통제할 수 없는 사고는 받아들일 수밖에 없다는 사실은 경력이 쌓이면서 깨닫게 되는 이치이다. 훌륭한 디자인은 나 혼자 잘해서 만들어지는 것이 아니니 어떤 문제점도 객관적으로 매너 있게 해결해야 한다. 패션 디자인의 상품은 많은 사람들이 협력으로 이루어져서 소비자에게 전달되는 것이다. 간혹 나만의 작품이라는 생각에 빠져서 여러 사람을 힘들게 하면 안 된다.

끊임없이 새로움을 찾아야 하는 직업이기도 해서 아이디어가 고갈되어 슬럼프에 빠지는 일도 많다. 무엇을 해도 새롭지 않거나 아무리 노력해도 디자인의 완성도가 떨어질 때 좌절하기도 한다. 혹자는 이런 슬럼프가 3년에 한 번씩 온다고 말한다. 나도 이런 슬럼프를 겪어 봤다. 어떻게든 넘겨 보려고 애를 써보기도 했고 어느새 지나가 있기도 했다. 슬럼프가 올 때마다 브랜드나 회사를 옮기는 디자이너들도 있는데 사실 좋은 방법은 아니다.

물론 정말 맞지 않는 브랜드나 회사에서 계속 일할 필요는 없다. 자신의 스타일과 너무 달라서 노력해도 힘들거나 같이 일하는 사람들과 트러블이 너무 심하다면 옮기는 것이 맞다. 하지만 너무 주기적이고 그 기간이 짧다면 슬럼프를 견디지 못하고 피하는 것으로 보일 수 있다. 능력이 뛰어난 디자이너는 밥 먹듯이 자주 옮겨도 원하는 곳이 많으니 별문제가 되진 않겠지만 그렇지 않다면 참고 견디는 노력도 해봐야 한다. 그래야 또다시 찾아오는 슬럼프를 이겨낼 수 있다.

Q1
업무 강도는 어느 정도인가요?

업무의 강도를 단순히 강하거나 약하다고 말할 수 없다. 육체적인 업무가 많지는 않지만 사무직보다는 비교적 활동적인 부분이 있는 직업이다. 하지만 항상 창의적인 노력이 필요한 직업이다 보니 감각적으로는 무디게 지낼 수 없는 일기도 하다. 생각하고 집중하는 부분이 많고 업무 자체가 개인적일 수 있기 때문에 시간을 철저하게 쓰며 자기관리를 해야 한다.

옷 한 벌을 만들 때 여러 사람의 노고가 들어가긴 해도 디자이너 스스로가 의도한 대로 완성이 되도록 정확하게 지시하고 표현해야 한다. 게다가 품평회가 결정되면 정해진 데드라인까지 완성해야 하는 시간적 제약이 있다. 결국 완성된 옷은 내 이름으로 평가받게 되니 어느 직업보다도 개인의 역량을 정확히 평가받는 것 같다. 어느 직업이나 평가받을 일이 있겠지만 누구보다 디자이너는 평가받는 일에 익숙해져야 한다. 게다가 브랜드에 따라 2주에 한 번, 한 달에 한 번 정도 품평회가 있기 때문에 평가받는 것을 가볍게 받아 들어야 한다. 디자인을 시작할 때는 스케치부터 완성까지 하나하나 신경을 써서 만들었지만 단 1~2분 만에 그 옷의 당락이 결정될 때는 가혹하다고 느낄 때가 많다.

디자이너가 되어서 이 점이 특히 힘들었다. 디자인을 완성할 때 모든 애정을 쏟다가도 품평에서 떨어지면 창고행이라는 생각이 항상 나를 괴롭혔다. 결과가 좋지 않으면 샘플을 구매하겠다는 심정으로 마음을 달래기도 했다. 보통 품평에서 떨어진 샘플들은 한꺼번에 모아 다음 시즌 사내에서 판매한다. 바로 이때가 비록 품평에서 떨어진 샘플이지만 완성도에서는 부족함이 없는 고급 퀄리티의 옷을 값싸게 건질 좋은 기회이기도 하다. 오히려 샘플의 퀄리티가 판매용보다 뛰어날 때도 있다. 예를 들어 밍크로 점퍼를 만들었지만 원가가 너무 비싸서 렉스나 무스탕으로 바뀌는 경우다. 또는 실크 프린트 원피스의 판매가가 높아 폴리에스테르로 바뀔 때도 종종 있다. 사내 샘플 세일 동안에만 살 수 있는 좋은 아이템이 된다.

주어진 시간과 평가에 대한 고통을 스스로 잘 관리한다면 일은 그리 힘들지는 않다. 디자인의 평가라는 것이 정확한 답이 없는 부분이라 평가가 부정적일 때는 감정적인 소모가 많다. 신입 디자이너나 이직을 했을 때 좀 더 심해질 수 있다. 새로운 곳에 적응도 해야 하지만 브랜드마다 다른 평가 방식에도 적응해야 하기 때문이다.

디자이너라면 창작의 고통과 평가의 고통은 늘 가져갈 수밖에 없어서 정신적으로 고충이 많다. 스스로 이해하고 편안하게 받아들이는 습관을 들여야 한다. 어차피 평가는 피할 수 없는 일이니 담대해지는 수밖에 없다.

Q2
패션 디자이너로서 받는 스트레스가 있나요?

디자인하다 보면 새로움과 판매성 사이에서 항상 스트레스를 받게 된다. 아무리 새롭고 멋진 디자인이라도 판매 결과가 좋지 못하면 과정이야 어떻든 결과적으로 성과가 없는 것이 된다. 반대로 새롭지 않지만 판매가 꾸준히 잘 되는 아이템의 경우에도 결과는 성공이라 하더라도 진부한 디자인을 어떻게 바꿀 것인지에 대한 압박 또한 강하다.

디자이너라면 디자인으로 가치가 있는 새로움을 넣기를 원한다. 게다가 당장 구매하고 싶은 디자인을 하고 싶다. 새로움과 판매성 두 가지를 모두 잡고 싶은 마음이다. 하지만 신의 영역이 아닌 이상 매번 완벽한 예측으로 디자인할 수 없다.

품평회 때 항상 나오는 단골 멘트는 "새롭지 않다면 판매성이 있어야 한다"이다. 판매성이 검증된 디자인이란 시장에서 잘 팔렸던 상품이다. 다시 말하면 지난 시즌에 잘 팔렸던 상품과 흡사한 느낌인 것이다. 이런 상품은 어느 정도 판매성은 보장되지만 항상 진부하다는 평가를 받는다. 하지만 정말로 획기적인 디자인이 나온 경우에도 아직 시장에서 검증되지 않았기 때문에 상품화할지 주춤한다. 그리고 판매성을 잡기 위해 수정하면서 베스트 상품이 나오기도 하지만 수정을 거치다 보면 본연의 디자인이 사라져 버린 매력 없는 상품이 되기도 한다. 이 미묘한 사이를 잘 간파해야 한다.

20년 전만 해도 패션의 호황기 시절이라 무엇을 만들어도 잘 팔렸던 때가 있었다. 그때는 디자이너가 트렌드를 선도해서 옷을 만들면 대중이 습득해서 천천히 따라오는 시대였다. 하지만 지금은 SNS의 파급력으로 인해 핸드폰 하나면 세상의 모든 의류를 구매할 수 있는 시대가 되었다. 현재는 영향력 있는 인플루언서들이 트렌드를 이끌고 가고 있다. 디자이너들이 생각하는 것 이상으로 영리한 소비자들의 입맛과 취향에 맞추어 디자인하는 것이 지금의 큰 과제가 되었다.

물론 어느 시대든 고민이 없던 시기는 없었다. 최고의 디자이너들도 괴로움과 압박에 시달렸던 것을 생각하면 이 또한 극복해 나가야 할 문제다. 경험이 아무리 많더라도 새로움에 대한 고민은 언제나 함께할 수밖에 없다. 다만 경험이 쌓여갈수록 고민을 감내할 힘이 생겨날 것이다.

Q3
스트레스는 어떻게 해소하세요?

사람마다 스트레스를 푸는 방법은 다르겠지만 나는 요리를 한다. 플레이팅은 가능한 근사하게 하려고 노력한다. 접시 위에 디자인한다는 마음으로 내가 먹고 싶은 재료와 컬러를 맞추고 요리를 돋보이게 담을 수 있는 그릇까지 신경 써서 플레이팅을 한다. 조금 번거롭고 시간도 걸리겠지만 이런 과정을 거치고 나면 스트레스가 좀 풀린다.

요리하는 건 디자인할 때와 비슷한 것 같다. 먼저 어떤 요리를 할지 찾아보고 머릿속으로 간단히 스케치한다. 이런 과정을 거쳐 내가 의도한 대로 요리가 나오거나 생각했던 것보다 오히려 더 잘 구현되면 기쁨과 동시에 다시 무엇이든 할 수 있는 용기를 얻는다. 그렇게 준비한 요리로 친구들과 함께 나눠 먹으며 스트레스를 해소하는 것 같다.

디자이너의 일이란 오롯이 혼자서 하는 것이 아니다. 완성된 옷이 소비자까지 가려면 많은 사람의 손을 거쳐야 한다. 디자인을 아무리 잘했어도 생산을 거쳐 매장에 진열되기까지 많은 담당자를 거치면서 의도치 않은 사고도 있기 마련이다. 혼자서만 잘해서 되는 일은 아니다. 과정 중에 기획 의도가 흐

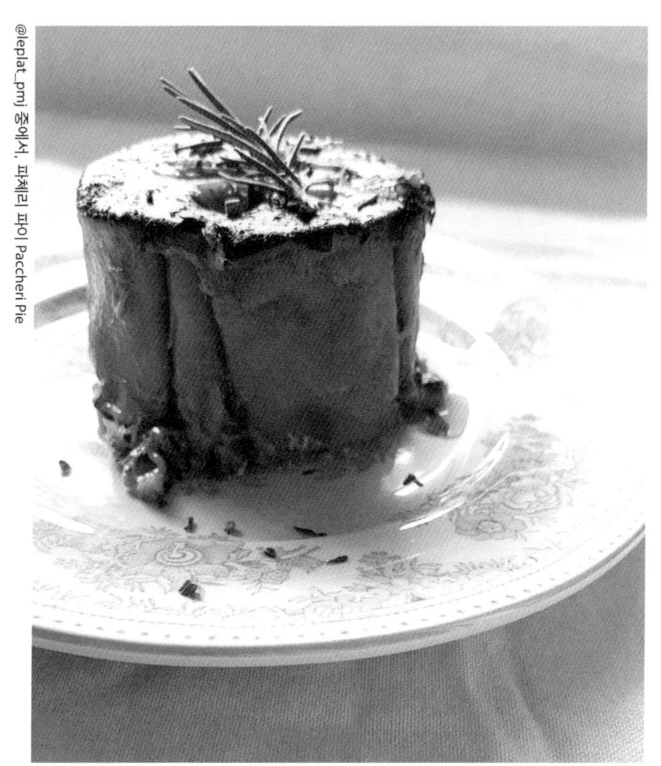

@leplat_pmj 중에서, 파체리 파이 Paccheri Pie

직접 요리하고 플레이팅한 것을 동영상으로 촬영하고 사진으로 남긴다.
마지막으로 소셜미디어 플랫폼에 올려 하나의 기록으로 남기는
일련의 과정은 나를 위한 힐링이며 스트레스 해소법이다.

려지기도 하고 아예 없었던 일이 되기도 한다. 이런 일은 생각보다 자주 있어서 받아들이기 나름이지만 항상 품고 살아야 하는 스트레스이다. 하지만 요리는 조금 다르다. 내가 원하는 재료와 플레이팅까지 모두 혼자의 의지대로 할 수 있어 실패와 성공 여부와는 관계없이 일종의 쾌감을 느끼게 해준다.

일하다 보면 초심을 잃기 마련이다. 일을 시작했던 때를 돌이켜 보면 너무 기쁘고 감사했는데 말이다. 현실의 장벽 앞에 때로는 좌절하고 심신이 피로할 때도 있겠지만 모든 것을 내 탓으로만 생각하지는 말자. 혼자서만 하는 일이 아니기 때문이다. 툴툴 털어버리기 위해 자신만의 스트레스를 푸는 방법이 하나쯤 있으면 좋다.

Q4
패션 디자이너가 겪는 직업병이 있을까요?

디자이너의 직업병이라고 하면 '시즌병'이 있다. 시즌이 바뀔 때마다 매번 새로운 테마와 기획을 잡아야 하고, 특히나 F/W 시즌을 시작할 때 시즌병이 가장 심각해진다.

여성복이든 남성복이든 의류 업계에서 가장 큰 매출을 내는 시기가 F/W이고 게다가 그 시작을 알리는 가을 출고가 엄청 중요하다. 매해 2월이 되면 잠자리에 누워도 잠이 쉽게 들지 않는다. 가장 고민이 많기도 정신없이 바쁜 시기이기도 하다.

시즌병은 시즌이 바뀔 때 날씨에 민감해지는 것이 특징이다. 항상 날씨에 앞서서 기획하기에 오늘 날씨에 맞춰 입는 것보다 약간 이르게 입는 편이다. 여름이 끝나기 전에 가을옷을 꺼내서 입는 편이고 겨울 코트도 일찍 꺼내 입는다. 유난히 가을이 너무 짧아도 걱정이고 겨울이 너무 따뜻해도 걱정이다. 가을이 너무 짧으면 재킷과 얇은 이너 웨어의 판매 시기가 너무 줄어들고 겨울이 너무 따뜻하면 가벼운 코트는 팔려도 패딩은 안 팔린다.

사실 가을이 짧아서 코트를 일찍 팔아서 좋다고 생각할 수 있지만, 회사는 전년 대비 실적을 따져 묻기 때문에 항상 작년의 나와 싸워야 한다. 올해의 목표는 작년의 나를 이기는 것이다. 어찌 보면 당연한데 쉽지 않은 것도 사실이다. 예상 밖으로 시장 반응이 좋으면 덜컥 내년 실적이 걱정되기도 한다. 하지만 몇 년을 지내본 결과 올해 실적이 좋지 않으면 그런대로 그다음 해는 좀 더 수월하겠지라는 긍정의 마인드로 살아가면 되니 너무 걱정하지는 말자.

계절의 변화를 온전히 느끼고 싶은데 순수하게 보지 못하는 것이 아쉽다. 가끔은 봄에 피는 새싹도 만끽하고 싶고 가을의 단풍도 즐기고 싶은데 그럴 여유가 없다. 판매 시기와 날씨를 생각하면 우산 장수, 짚신 장수 어머니처럼 걱정이 앞서기 때문이다. 항상 기획한 옷과 날씨 사이에서 울고 웃는 직업이다. 원래 직업의 세계가 치열해서 살짝 포기할 건 포기해야 한다.

Q5
체력 관리는 어떻게 하나요?

체력 관리를 따로 하지는 않는다. 워낙 운동하는 것을 싫어하기도 하고 한번 집에 들어오면 다시 나가기 귀찮은 탓도 있다. 다만 딱 한 가지 '걷기'는 남보다 잘할 수 있다. 특히 오래 쉬지 않고 잘 걷는데 10km 정도는 단숨에 걷는다.

파리유학 당시, 예나 지금이나 대중교통 파업이 너무 많았다. 그러면 다들 아무렇지도 않게 자전거를 타고 다니는데 난 자전거를 못 탔다. 학생이라 여유도 없어서 택시를 타는 것은 엄두도 못 내고 한 달을 걸어 다녔다. 그땐 포인티드 힐에 지름이 한 6mm 정도 되는 스틸레토 힐이 유행했다. 크리스티앙 루부탱, 마놀로 블라닉의 얇고 아슬하게 높은 신발들이었는데 택시 값은 없어도 힐이 닳아질 정도로 신고 다녔다. 이런 힐을 신고 아스팔트도 아닌 돌길에 단련이 되어 있어선지 운동화를 신고 걸으면 지금도 날아다닌다. 그 덕에 파리를 지도 없이 다녀도 될 정도로 잘 알고, 체력단련도 되지 않았을까 싶다.

출장을 가면 함께 간 디자이너들이 힘들어할 때가 있다. 내가 너무 빨리 걷는 데다가 멈추지 않고 하루 종일 걸어 다녀서

다. 그래서 내 사진을 찍어주고 싶은데 주로 앞장서서 걸어서 뒷모습일 때가 대부분이고 발끝이 희미하게 나온다. 심령사진 같다고 말하면 내가 너무 빨리 걸은 탓에 포착이 안 돼서 그렇다는 투정 아닌 투정을 듣는다.

걷는 것 이외의 체력 관리는 삼시 세끼를 잘 챙겨 먹는다. 디자이너 중에 바쁘다는 이유로 점심을 샌드위치나 초콜릿으로 간단하게 때우는 이들도 있고, 점심시간 때라도 맛있는 거 잘 챙겨 먹자는 사람도 있다. 난 그래도 후자인데 아침, 점심, 저녁을 든든하게 먹는 편이다.

세끼를 챙겨 먹기 위해 출근하기 1시간 30분 전에 일어나 커피와 빵, 사과 한 개는 먹고 나오려고 하고, 점심 때는 든든하게 배를 채우고, 저녁도 잘 먹는다. 별건 아니지만 적당하고 좋은 음식은 안정적인 체력을 길러준다. 일찍 독립해서 살아서 습관이 된 것도 있고 요리하는 것을 좋아해서 그럴 수도 있지만 잘 챙겨 먹은 탓에 아픈 적이 많이 없다. 요즘 1인 가구가 점점 많아지고 있는데, 스스로 자신만의 체력 관리가 있을 것이다. 좋은 음식의 규칙적인 섭취는 건강의 기본이다.

Q6
창작의 고통은 어떻게 극복하나요?

일하다 보면 행복을 느낄만한 마음의 여유가 없다. 일이 마무리된 다음에야 비로소 지난 일을 돌아보는 여유를 가지면서 내가 한 창작이 얼마나 값지고 소중했는지 실감하는 것이다. 다시 말해 되돌아보면서 행복을 느낀다.

디자이너란 직업이 끊임없이 창작해야 하는 일이므로 어느 순간 고갈이라는 한계가 느껴질 때도 있다. 아무리 시장조사를 하고 트렌드 분석 자료를 읽어도 고통스럽기만 할 때가 온다. 잠깐 다른 일에 집중할 수 있지만 다시 돌아와 디자인해야 한다. 이때는 단순한 목표로 창작에 집중하는 것이다. 물론 쉬운 일이 아니지만 내가 지금 하고 있는 디자인의 목표를 정하는 것이 좋다.

예를 들어 이너 톱을 디자인한다고 하자. 도저히 새로움을 넣기 힘들다면 이 톱이 왜 필요한지 무엇이랑 함께 입으면 좋을지만 생각한다. 어떤 하의랑 필요한 톱인지, 어떤 재킷 속에 입을 건지 생각을 좁혀 나간다. 사실 자주 입는 티셔츠나 니트 풀오버는 심플한 라운드가 많다. 엄청난 디자인이 아니라도 수십 년간 [illegible]는 인기 있는 디자인이다. 나만의 새로운 디자

인을 위해서 네크라인의 깊이와 끝마감을 생각한다. 그리고 바닥이 되는 소재를 고민하고 컬러를 생각하다 보면 뜻밖에 이 컬러와 매칭이 되는 체크 원단이 들어올 때가 있다. 이 원단과 어울리는 아우터 디자인이 갑자기 떠오르게 되고 없던 아이디어가 생겨나기도 한다.

고통을 참기 힘들다고 미루는 것은 마치 어린 시절 방학 숙제를 미루다가 방학이 끝날 무렵 정신없이 하는 것과 다르지 않다. 어차피 피해 봤자 마음의 짐으로 고통스럽기만 하니 심플한 목표를 설정해서 조금씩 하다 보면 어느새 결과물이 눈앞에 있을 것이다. 그 결과물이 전부 성공적이지는 않아도 쌓이다 보면 나만의 노하우가 생기고 극복하는 방법도 생겨난다.

아무리 타고난 능력이 있어도 노력하는 법을 배우지 못하면 성숙한 능력으로 발전시키지 못한다. 집중력이야말로 창작의 원동력이라 할 수 있다. 집중은 늘 고통을 수반할 수밖에 없지만 지나고 나면 성취감이 드는 것이 사실이다.

2 패션 디자이너의 매력

기분이 우울할 때 쇼핑을 하는 사람이 많다. 기쁠 때도 쇼핑을 한다. 옷뿐만 아니라 구두, 가방, 액세서리 등 남녀노소를 막론하고 자신을 위해서든 남을 위해서든 쇼핑을 싫어하는 사람이 거의 없다. 나 역시 어릴 적에 백화점 가는 것을 너무 좋아했는데 놀이동산만큼 설레는 느낌이었다. 물건을 구경하는 것도 좋았지만 사람들이 기분 좋게 걸어 다니는 분위기를 좋아했던 것 같다. 무엇을 사는 느낌은 단순히 소비하는 것이 아니라 보상받는 느낌이 있다. 그래서 가끔씩 내가 입고 싶은 것을 디자인할 때 엄청난 아드레날린이 나오는 것을 느낀다. 그리고 꼭 매장에서 기분 좋게 구매를 한다. 디자인한 상품으로 위로도 받고, 자신감도 얻고, 값진 선물도 되어주는 것을 보면 정말 이 직업을 하길 잘했다는 생각이 든다.

패션 디자이너란 직업은 단순히 상품을 만드는 것이 아니라 나를 만들어 주는 역할을 한다. 어떤 이를 묘사할 때 단순히 생김새만 떠올리지 않는다. 단순히 옷을 잘 입고 못 입고를 떠나서 그 사람의 스타일이 주는 이미지도 크다. 어떤 방송에서 출연자의 자신감을 높여주기 위해 스타일을 바꿔 변화시켜 주는 프로그램이 있었다. 출연자들의 바뀐 모습이 단순히 보기 좋은 것보다 자신감이 향상된 모습에서 태도의 달라짐이 느껴졌다. 옷을 좀 더 신경 써서 입는다는 것은 자신을 잘 알고 사랑할 때 확실히 효과가 난다는 것은 보면 안다. 이런 방송을 보면 디자이너란 직업이 중요함을 느낀다.

패션 디자이너라고 하면 굉장히 화려하다고 생각해서 가끔은 피곤할 때도 있다. 잘 차려입지 않았을 때 직업을 물어보면 실망할 것 같은 느낌도 있다. 이런 조금의 불편함을 제외하고는 자부심이 느껴지는 직업이다. 경력이 늘수록 전문가가 되는 직업이기 때문이다. 디자인을 오래 하다 보면 어느 직업보다도 세상을 보는 눈이 발달한다. 아무래도 시각적인 부분이 발달하다 보니 삶에서 편리한 점이 많기도 하다. 또, 트렌드에 민감해서 패션 분야가 아닐지라도 새로운 유행을 빨리 캐치한다. 이런 점들이 삶을 풍요롭게 한다.

Q1
패션 디자이너의 매력은 무엇인가요?

언젠가 이런 말을 들은 적이 있다. 흔히들 의사랑 변호사가 좋은 직업이라고 하지만 의사는 항상 아픈 사람들을 만나야 하고, 변호사는 항상 문제가 생긴 사람을 만나야 하는데 디자이너는 반면에 좋은 것만 보는 직업이 아니냐는 부러움 섞인 말이었다.

실제 의사, 변호사들은 직업으로서의 사명감과 전문성이 뛰어나다는 것은 인정하지만 아픈 사람, 큰 걱정거리만 있는 사람만 만나다 보니 세상이 어두워져 보일 때가 많다고 했다. 이 말을 듣고 정말 크게 느꼈다. 항상 새로운 아름다움을 찾으며 세상의 밝은 부분만 보고 살고 있다는 것에 다시 한번 디자이너가 되길 잘했다고 생각했다.

일정이 바쁘고 의도치 않는 사고가 있어도 옷이 매장에 걸려 있으면 누군가는 기쁘게 쇼핑을 한다. 즐거운 마음으로 백화점에 와서 자신을 위하든 남을 위한 선물을 하든 기쁜 순간을 나누는 직업인 셈이다. 하루의 일과가 아무리 바빠도 자리에 앉아 스케치하거나 그림을 그릴 때면 조용히 힐링이 될 때도 있다. 어린 시절을 제외하고 어른이 되어서는 시간을 내지 않고는 그림을 그릴 기회조차 없는 사람들도 많다. 그림은 치료가 될 정도로 좋은 행위이다. 때로는 새로움을 찾아 출장을 갈 때도 세상의 힙하고 아름다운 도시를 다니고 제일 유행하는 상품을 보고 멋진 공간에 간다. 영감을 찾아다닐 때도 유서 깊은 박물관, 훌륭한 전시회를 가고 아름다운 것들을 보러 다니는 것이 업무이다.

항상 보는 것과 흔하게 있는 것들에 대해 감사함을 못 느끼고 살 때가 있다. 그럴 땐 내가 얼마나 좋은 직업을 가졌는지, 그리고 어린 시절 꿈꾸었던 디자이너의 일을 하고 있다는 사실을 다시 생각해본다.

Q2
패션 디자이너의 좋은 점은 무엇인가요?

디자이너여서 좋은 점은 솔직히 많다. 오랫동안 디자이너로 생활하면서 몸에 배는 습관이 있다. 관찰력이 좋아진다는 것이다. 사물을 볼 때 다른 점을 빨리 파악하고 무엇이 좋은지 육감적으로 알게 된다. 반드시 관련 패션뿐 아니라 여러 분야에서 발휘하는 것 같다.

특히 시각적인 부분에는 전문가 뺨치는 세심함과 꼼꼼함을 발휘할 수 있다. 새집 인테리어를 할 때였는데 멋진 공간 연출이 된 숍을 많이 다녀봐서인지 어떤 가구를 놓아야 할지 어떤 컬러의 벽을 칠해야 할지 고민 없이 순조롭게 선택할 수 있다. 가구점에서 구매할 의자의 소재나 컬러를 고를 때도 원하는 것을 누구보다도 쉽게 고른다. 인테리어 업자를 곤란하게 만들 만큼 꼼꼼하게 체크하고 다양한 상품을 꿰고 있어 원하는 것을 요구할 수 있다.

가구와 가구 사이의 매칭도 어렵지 않아서 간혹 인테리어 디자이너라는 착각을 주기도 한다. 항상 하는 일이 디자인하고 소재를 보고 컬러를 정하는 일이라 생활 전반에 활용할 수 있는 것들이 많다. 커튼이나 식탁보 하나를 골라도 디자이너에겐 너무나 쉬운 일인 것이다. 패브릭에 대한 지식이 있으니 우리 집에 어울릴만한 원단을 고르는 것은 일도 아니다.

친구에게 작은 선물을 해도 늘 만족감을 줄 수 있고, 특히 디자이너가 아닌 친구들은 더 좋아한다. 그래서인지 가끔씩 선물을 고르는 조언을 구할 때도 있다. 성의 있고 감각적인 선물을 받으면 주는 사람도 받는 사람도 행복해지는 것 같다.

여행을 갈 때도 실력을 발휘할 수 있는데 잦은 출장과 다양한 곳을 방문한 경험으로 멋진 호텔과 갈만한 레스토랑도 잘 고른다. 디자이너의 일상을 보면 흔히 힙한 장소와 레스토랑에 가는 모습을 자주 봤을 것이다. 나만의 즐거움도 될 수 있지만 가족과 친구들과 함께 즐길 수 있으니 큰 장점일 수 있다.

물론 개인에 따라 극도로 예민하고 까다롭다 느낄 수도 있겠으나 대부분 디자이너의 특성이라고 볼 수 있겠다. 오랫동안 나만의 취향을 찾고 트렌드를 연구한 습관에서 비롯된 것이니 디자이너라면 너무 자연스러운 행동이다. 친구들을 초대했을 때 어울리는 식기들을 골라서 차려낼 때 피곤하거나 지침이 없다. 항상 시각적인 조화로움과 변화를 찾는 행동은 내 삶의 소소한 윤활유이자 즐거움이 된다.

Q3
패션 디자이너로서 언제 가장 보람을 느끼나요?

다른 사람이 내가 디자인한 옷을 입고 있는 모습을 발견할 때 가장 큰 보람을 느낀다. 가끔 텔레비전을 보다 내가 만든 옷을 입고 나오는 연예인을 볼 때가 있다. 아름답게 입고 나온 모습에 기쁘다. 하지만 엄밀히 따져 보면 협찬으로 제공되기도 하고 스타일리스트가 구해서 입힐 때도 있다. 물론 그 옷이 마음에 들었기 때문에 수많은 옷 중에 선택되어 입었을 것이니 자의 반 타의 반이라 할 수 있겠다. 그래도 아름다운 배우가 입었을 때 그 옷을 가장 빛나게 해주니 고마울 따름이다.

무엇보다 거리를 지나다 우연히 내 옷을 구매해 입은 사람을 보면 가장 뿌듯하다. 게다가 레스토랑에서 잘 차려입고 와서 좋은 시간을 보내고 있는 모습을 보면 나까지 즐겁다. 중요한 자리에 입으려고 구매해서 멋지게 입은 모습을 볼 때 그 자리를 빛나게 해준 것 같은 느낌이라 은근하게 기분이 좋다. 여기에 표현이 다 되지 못할 정도로 내 옷을 입은 소비자를 보는 기쁨은 상당하다. 내 가족, 나의 지인도 좋지만 정말 모르는 사람이 입어줄 때 더욱 감동하게 되는 것 같다.

3 패션 디자이너의 미래

미래는 많은 직업이 없어진다고 하지만 디자이너는 중요한 직업으로 남아 있을 것으로 예측하는 사람이 많다. 디자이너가 생각하는 사고방식은 사람의 마음을 사는 것이기 때문에 시장에서 훨씬 유리한 자리를 차지할 수 있다. 그래서 갈수록 디자이너 출신의 기업가가 많아지고 있는 것이 사실이다. 핀터레스트, 에어비앤비, 배달의 민족, 카카오의 CEO 모두 디자이너 출신들이다. 경영 컨설턴트나 대기업 출신의 창업가와 달리 디자이너 출신들은 감성을 보여주는 사업을 한다. 디자이너라는 업의 특성상 언어보다도 이미지를 보여주기 수월해서 브랜드 이미지를 구축하는데 탁월하다.

게다가 패션 디자이너는 시대를 막론하고 자기표현의 외적인 수단을 만들어 내는 역할이다. 어떤 사회든지 패션 디자이너의 역할은 중요해질 수밖에 없다. 그것이 고도로 발달한 사회일수록 자신과 남을 다르게 표현하고 싶은 것이 인간의 욕구이기 때문이다.

물론 2000년대 초반까지 우리나라의 패션 시장은 고도로 성장했었다. 그 이후로는 성장세가 둔화되었지만 제조업 기반으로 성장했던 지난 시간과는 조금 다른 모습으로 변화되었다고 생각한다. 예전엔 패션 선진국을 따라잡기식의 디자인을 펼쳤다면 지금은 브랜딩이라는 시각에 맞춰 다양한 중소 브랜드들이 많이 생겨나고 있다. 이런 다양한 브랜드들이 오히려 대기업에서 만드는 브랜드보다 경쟁력이 있을 수 있다. 마케팅이나 홍보가 더 빠르고 효과적이다.

한국의 문화가 위용을 떨치는 시대에 세계적으로 유명한 패션 브랜드가 아직까지 없다는 것에 가끔 답답함과 책임감도 느낀다. 세계 어느 나라와 비교해도 옷을 잘 입고 패션 센스가 뛰어난 민족이라고 믿어 의심치 않는데 현직에서 일하는 패션 디자이너로서 안일하게 일했던 것이 아닌가 하는 생각을 한다. 우리의 패션 브랜드가 세계에서 큰 명성을 얻고 더 나아가서는 헤리티지가 있는 오래된 브랜드가 생기길 바란다.

Q1
패션 디자이너의 전망은 어떤가요?

디자이너라는 직군은 전문적인 일이다. 어디에 소속되어서 일하는 직군과는 차별화된다. 군인이나 경찰은 퇴사하면 더 이상 군인, 경찰로 불리지 않는다. 회사원도 마찬가지이다. 하지만 디자이너는 어디에 소속되어 있든 아니든 어느 정도 경력을 쌓으면 변함없이 디자이너로 불린다.

디자이너에게 속한 곳이 어디인지는 중요하지 않다. 디자이너의 직군은 지금처럼 변화하는 시대에는 잘 적응할 수 있는 직업 중에 하나라고 자부한다. 자신의 능력에 따라 영원히 일할 수도 있고 한 번에 여러 프로젝트도 맡을 수 있는 일이다.

패션의 영역은 우리가 생각하는 것보다 넓어서 정말 다양한 곳에서 일할 수 있다. 게다가 브랜드 역시 우리가 아는 것 이상으로 수없이 많다. 시즌별 프로젝트, 아이템별 기획부터 일의 범위는 끝도 없다. 단순히 어디에서 소속되지 않아도 되는 전문성을 갖춘 직업인 것이다.

다만 이렇게 활동하기 위해서는 베테랑급 디자이너가 되어야 한다. 그러기 위해서는 7~8년 이상의 다양한 경력을 쌓아야 가능한 일이다. 세상 어디든 경력자를 원하고 우대하는 건 당연하니 말이다.

Q2
AI 디자이너가 옷을 디자인하는 시대가 올까요?

요즘 가장 큰 화두는 탄소 에너지를 줄이는 산업을 키우고, 건강한 지구를 만드는 것이다. 사실 패션 산업은 엄청난 탄소를 배출하는 업종 중의 하나라고 생각한다. 패스트 패션에서 매주 쏟아지는 거대한 물량의 상품을 보고 있자면 재고 상품은 얼마나 큰 쓰레기가 될지 걱정부터 앞선다. 멀리 볼 것도 없이 가깝게 내가 일하는 디자인실만 봐도 샘플 하나를 만들기 위해 적어도 2~3배의 원단과 단추, 지퍼, 부자재를 사들인다. 이렇게 여러 개를 구매하는 이유는 비용보다 시간을, 짧은 시간에 더 좋은 것을 선택하기 위해서다. 하지만 이렇게 샘플 하나를 만들고 버려지는 재료들을 볼 때마다 죄책감이 든다. 하지만 앞으로는 비용부담과 탄소배출 부분을 AI가 도와줄 수 있다고 생각한다.

현재 AI가 디자인하는 시대는 바로 눈앞에 와있다. 세상에 다양한 고객의 취향과 신체 사이즈의 데이터화를 통해 선택만 하면 옷이 만들어질 수 있다. AI 디자이너는 옷의 실루엣을 고르고 패턴, 색상 등을 모두 넣어 디자인하고 모델에게 입힌 구체적인 모습을 영상으로 구현한다. 여기까지가 현재도 가능한 기술이다. 다시 말해 AI의 이런 기술이 다양한 샘플을 만드는 시간과 엄청난 비용을 절감시켜 줄 수 있다. 이런 변화는 버려지는 샘플과 재고 상품에 대한 부담을 줄여주고 더 나아가서는 환경에도 도움이 될 것이다.

AI 기술을 잘 이용하면 자본이 없는 젊은 디자이너에게 좋은 기회를 줄 수도 있다. 모델에게 입힌 모습을 영상으로 구현한 기술로 광고 비용 없이 브랜드를 시작할 수가 있으니 멋진 아이디어만 있다면 브랜드 론칭도 예전보다 적은 비용으로 가능할 것이다. 게다가 요즘 10대들에게 유행하는 메타버스 플랫폼 제페토의 가상 패션 디자이너는 AI 기술로 이미 활발하게 활동하고 있다. 앞으로도 매우 주목받을 직업 중 하나 임이 틀림없다.

AI로 제작된 디자인이 얼마나 실물로 잘 구현될 수 있을지는 의문이다. 볼륨 있는 소매를 만드는 방법은 수십 가지로 디자이너의 감각과 방법으로 샘플을 뽑고 옷에 가장 어울리는 소매 볼륨을 만들어 낸다. 블라우스의 실크 원단 역시 실제 부드러움의 정도와 두께, 표면의 조직감까지 고려해서 디자이너가 직접 선택해야 하는 일이다. 이렇듯 AI가 패션 디자이너의 역할을 모두 대체할 수는 없을 것이다. 수치와 계산으로만 디자인이 나오는 것은 아니기 때문이다.

하지만 AI가 전체가 아닌 부분을 담당하여 이를 통해 디자인의 효율성을 높일 수는 있다. 문제는 현재 나와 같은 디자이너가 AI 기술을 어떻게 이용하여 시너지를 낼 것인가에 달려 있다. 그렇다면 AI로 대체 가능한 일은 무엇이며, 대체 불가능한 일은 무엇일까?

예를 들어 디자이너가 스커트의 컬러를 바꾸려고 한다. 예전이라면 직접 만들어 봐야 어울리는지 알 수 있었지만, 앞으로 AI 프로그램을 통해 컬러를 다양하게 바꿔 보고 고를 수 있을 것이다. 또 스웨터에 로고를 넣어보기 위해 편직하고 스웨터 여기저기에 붙여본 후에야 어느 위치가 가장 어울리는지 찾을 수 있었다. 하지만 AI 프로그램을 통해 로고의 위치를 가슴, 팔, 허리 등 원하는 곳에 편하게 배치해볼 수 있다. 이는 편직 비용을 줄여줄 뿐만 아니라 고민하는 시간을 단축해 줄 수 있다. 이처럼 AI를 잘 활용한다면 디자인을 위한 도구로써 훌륭히 쓰일 수 있을 것이다. 하지만 현실적인 대중화는 아직 지켜봐야 할 상황이다.

홍익대학교 건축학과 유현준 교수는 "삶의 질은 현실 세계의 공간을 얼마나 차지하고 있는가에 따라 나뉜다"라고 했다. 빗대어 영화 〈기생충〉 속 부잣집 아이는 정원에 나가서 놀고 가난한 기태는 남의 집 와이파이로 인터넷을 접속하려 한다. 부자는 경험을 현실 공간에서 쌓고 가난한 자는 가상세계에 들어가서 보는 수밖에 없는 것이다. 녹음과 충분한 공간이 없는 도시 사람들이 그 경험을 대신하기 위해 텔레비전 앞에 앉아 있듯이 말이다.

이렇듯 사람에게 의식주는 매우 중요한 요소로 그중 '의衣'는 소유의 대상이다. 소유의 대상을 선택할 때는 굉장히 까다로울 수밖에 없다. 실례로 최고급의 컬렉션을 선보이는 오트쿠튀르는 아직까지 어떻게 존재할 수 있을까? 팬데믹 상황에서도 건재함을 과시하며 온라인상에서 패션쇼를 선보이고 있다.

상상을 해보자. 앞으로 세계의 명품시장은 어떻게 될까? 아마도 50년이 지나도 여전히 존재할 것이다. 사람의 본능은 단순해서 오트쿠튀르처럼 어마어마한 시간과 비용이 드는 디자인을 최고급으로 여기고 있다. 팬데믹이라는 예측 불가능한 세상 속에서도 최고급 핸드메이드 고급상품은 불티나게 팔려나가니 말이다.

예전에는 패션쇼에 초대되지 않으면 볼 수 없었다. 그나마 프레스 지인을 통해 비디오로 시청할 수 있었다. 아니면 한두 달이 지난 이후 잡지로 접해 볼 수 있었던 것이 전부다. 지금은 인터넷을 통해 실시간으로 누구나 시청을 할 수 있는 시대가 되었다. 쉽게 볼 수 있고 공유할 수 있어서 무관심해지는 것이 아니라 좀 더 긴밀한 시대가 되었다고 생각한다. 불과 10년 사이 이렇게 바뀐 것 같다. 아마 AI의 기술도 우리 생활에 어떤 방식으로든 편리함으로 스며들어 올 것으로 생각한다. 아직도 종이와 펜으로 그림을 그리는 디자이너가 앞으로 어떤 모습으로 변화되어 갈지 상상이 되지는 않지만 분명 변화될 것이다. 나도 언젠가는 AI 기술을 이용해서 디자인하게 될 미래를 꿈꿔본다.

Q3
예비 디자이너를 위해 조언 한마디 한다면?

디자인실엔 피팅 아르바이트를 하거나 인턴사원을 하면서 디자이너를 꿈꾸는 친구들이 많이 있다. 나 역시 파리에서 디자이너를 꿈꾸며 여러 곳에서 인턴을 했었기에 이들을 보면 20년 전 내가 떠오르곤 한다. 그때 내가 주로 했던 일은 도식화를 그리는 일이었는데 복사 하나도 제대로 못 했고 시키는 일 이외는 절대 하지 않았다. 맡은 일이 도식화면 정말 그림만 그렸고, 다른 일을 시키면 뾰로통해서 겨우 했던 것 같다. 지금 생각하면 어이없는 행동이었다. 돌이켜보면 나 같은 인턴사원은 못 본 것 같다. 다들 성실하고 필요한 일이 없을까 하는 눈치로 열심히 일하는 모습에 대견한 마음까지 든다.

그리고 가끔씩 나에게 진로 상담을 하는 예비 디자이너들도 있다. 나름 내 경험에 비추어 얘기를 해주지만 세상에는 천 가지, 만 가지의 경우가 있기에 고민에 빠지지 말았으면 좋겠다. 가장 많이 하는 고민은 서울에 있는 대학을 나오지 않아서 서류전형에서 자꾸 떨어진다는 것이다. 물론 인사팀에서 수많은 이력서 중에서 고른다면 좀 더 좋은 학교를 고르겠지만 이것보다는 이력서 자체에 문제가 있는 경우가 많았다.

내가 수많은 이력서를 받아봤지만 잘 썼다고 생각되는 이력서는 손에 꼽을 정도다. 신입이든 경력자이든 이력서만 보면 그 사람의 됨됨이를 파악할 수 있기 때문에 좀 더 신경 써서 이력서를 작성하길 바란다. 사실 성의 있는 이력서가 기본이지만 이것조차도 갖추지 못한 이력서도 많다. 스펙이 중요하다고 생각해서인지 줄줄이 쓴 관련 없는 갖가지 경험과 수상 경력 등은 사실 눈에 잘 들어오지 않는다. 그리고 한번 쓴 이력서를 수십 군데 같은 내용으로 지원한 듯한 흔적이 역력할 때 굳이 이 사람과 일을 해야 할까 하는 생각이 든다. 천편일률적인 자기소개서도 너무 많고, 그것조차 쓰지 않은 사람도 많다.

내가 어떤 사람인지 한 번에 보일 수 있어야 기억에 남는 것이다. 단순히 어디 대학을 나왔고 외국어시험 점수가 아무리 높아도 면접관은 이력서를 훑어보는데 1분도 채 걸리지 않는다. 그 스펙을 쌓기 위해서 얼마나 많은 시간과 노력이 들었는지 알긴 하지만 현실이 그렇다. 이력서와 자기소개서, 포트폴리오로써 남과 다른 나를 표현할 수 있다면 사실 디자이너는 해외의 명문대를 나오건 높은 외국어시험 점수가 있던 하나도 중요하지 않다. 소위 말해 스펙을 볼 수밖에 없는 것은 이력서만 봐서는 도무지 어떤 사람인지 알 수가 없기 때문이다. 디자이너가 되고 싶다면 나를 표현하는 방법을 연습해야 한다. 나를 잘 표현할 줄 알아야 일단 어딘가에서 일을 시작할 수 있다. 디자이너가 하는 일이라는 것이 나를 옷으로 표현해야 하는 일이 아닐까 생각한다.

예비 디자이너에게 꼭 하고 싶은 말이 있다. 한 권의 포트폴리오를 성의 있게 완성해보자. 내가 누구인지 굳이 말하지 않아도 한눈에 보일 수 있도록 스토리텔링을 해야 한다. 그 안에서 만약 무언가가 더 필요하다면 여행도 가고 인턴도 해보며 이야기의 흐름이 맞아떨어지도록 경험하는 것이다. 졸업에 닥쳐서 만들거나 입사 전에 준비하는 것은 바람직하지 않다. 시간을 가지고 천천히 준비해 보는 것이 좋다. 그러면 의미 없는 스펙을 쌓기 위해 시간을 낭비하는 일은 없을 것이다. 그리고 스스로 당당해질 것이다.

당당하고 열정적인 모습만으로 디자이너가 될 자격은 충분하니 스펙 걱정은 하지 말자.

TIP.

패션용어 알아보기

ㄱ

가르손느 Garçonne

'룩가르송'은 프랑스어로 '소년'을 의미하지만, '가르손느'는 여성의 명사로 쓰인다. 소년다운 스타일 속 여성스러움을 추구하는 패션을 말한다. 소년 같은 소녀란 의미를 내포하고 있다. 쇼트 커트, 살짝 보이시한 느낌, 쇼트 스커트 등이 대표적이다.

게리솔 Guerrisol

96, Boulevard de Barbes – 75018

빈티지 의류를 파는 곳이다. 아동복, 남성복, 여성복, 신발, 가방 등 2유로 정도에 살 수 있는 상품이 가득하다.

귀스타브 모로 박물관 Musée Gustave Moreau

14 Rue de la Rochefoucauld, 75009 Paris

귀스타브 모로는 프랑스의 상징주의 화가이다. 성서의 이야기나 신화를 많이 그려 이름을 날렸다. 매우 화려한 기교로 시적 · 환상적 표현을 했다. 저택과 작품은 그가 죽은 후 국가에 기증되었으며, 훗날 패션 디자인에 많은 영감을 주고 있다.

그래니 룩 Granny Look

'그래니'는 할머니를 뜻하는 말로 1970년대, 귀여운 소녀들이 60~70세의 할머니 옷을 즐겨 입은 것에서 유래한다. 기하학 패턴이나 레이스 등 다소 화려한 무드를 지닌 것이 특징이다. 줄무늬나 체크무늬의 무면 평직을 말한다.

그러데이션 Gradation

색의 계층을 말한다. 색을 지워서 연하게 하여 색의 농도에 의해 움직임이 있는 통일감을 준다.

그런지 룩 Grunge Look

거칠고 지저분한 스타일이라고도 하며 해진 듯한 의상으로 편안함과 자유로움을 추구한다. 빈티지와 비슷하면서도 조금 자기만의 스타일을 구현한 룩이다. 찢어진 청바지, 와펜, 레이어드 등의 포인트나 개성에 집중한 스타일링이 대표적이다.

ㄴ

내추럴 Natural

자연스럽고 꾸밈이 없는 그 자체를 보여주는 느낌을 말한다. 영역에 상관없이 라이프 스타일 전체에 통용되어 사용한다.

네오 로맨티시즘 Neo Romanticism

'신낭만주의'란 뜻으로 어느 시대에 유행했던 모드에 있는 로맨티시즘을 연상케 하는 스타일을 말한다. 우아한 것이 특징이다. 일반적으로 가는 허리의 강조와 긴 스커트, 수예를 이용한 장식 등을 특색으로 한다.

네오 클래식 Neo Classic

고전적인 모드에 현대적인 새로운 감각을 더한 것을 말한다.

노치 Notch

U자 또는 V자 모양으로 가위집을 내서 표시하는 것을 뜻한다.

놈코어 룩 Normcore Look

평범하다는 뜻의 '노멀'과 핵심의 뜻을 지닌 '하드코어'의 합성어를 말하며, 베이직한 느낌에 나만의 개성을 살린 스타일을 말한다. 꾸민 듯 안 꾸민 듯 내추럴한 멋을 추구하는 스타일이다.

누벨바그 La Nouvelle Vague

누벨 바그는 전 세계 영화에 큰 영향을 준 프랑스의 영화적 경향이다. 프랑수아 트뤼포를 비롯한 젊은 영화인들이 주축이 돼 펼쳐졌으며, 고전과 현대를 나누는 분기점의 영화 사조이다. 장뤼크 고다르, 클로드 샤브롤, 자크 리베트, 에릭 로메르 등이 중요 참여 인물이다. 현재 흔하게 사용되는 '플래시 컷', '점프 컷', '핸드 헬드' 기법은 모두 누벨바그를 시작으로 대중화 된 것이다. 또한 "영화에서도 만든 이의 개성이 뚜렷이 드러나야 한다"는 '작가주의 이론'과 "영화의 형식과 내용은 불가분의 관계에 있다"라는 다양하고 자유로운 형식에 대한 추구는 현대 영화에 대한 이정

표를 제시했다.

뉴트럴 컬러 Neutral Color

중간 색상 혹은 중성색이라고 한다. 색상이 부족한 것처럼 보이지만 다른 조명에 따라 변하는 기본 색조가 있다. 중성색의 예로는 베이지색, 회갈색, 회색, 크림색, 갈색, 검은색, 흰색 등이 있다. 중간 색상은 색상환에 없고 기본 및 보조 색상을 보완한다.

니콜라 제스키에르 Nicolas Ghesquière

1971.05.09~

발렌시아가에서 15년간 활동하는 동안 패션계 비약적인 상승을 가져온 인물이다. 재임 기간, 쇠퇴했던 패션 하우스를 부활시켰다. 보고에 따르면 그의 첫 3년 동안 발렌시아가 매출이 두 배로 증가했으며 1980년대에서 영감을 받은 패션과 아이코닉한 패션을 포함하여 그의 디자인은 매번 호평받았다. 당시 발렌시아가 디자인은 짧은 글래디에이터 스타일의 스커트와 토가 드레스, 무릎 높이의 글래디에이터 샌들, 크롭 톱, 하이웨이스트 바지, 플라멩코 프릴 드레스 등 컬렉션에 영향을 미쳤다. 현재는 루이뷔통의 크리에이티브 디렉터로 일하며 패션계를 또다시 이끌어 가고 있다.

ㄷ

댄디 룩 Dandy Look

멋쟁이 신사를 뜻하며 엘레강스한 감성이 깃들어 있는 19세기 남성을 의미한다. 우아하고 세련된 태도를 댄디즘이라 하는데 거기에서 파생된 단어이다. 정장풍을 베이스로 하여 세련되고 깔끔한 느낌의 슈트를 활용하는 게 대표적이다.

도식화 Flat Drawing

플랫 드로잉은 축소된 의복의 그래픽 표현이다. 의복을 구성하는 비율과 다양한 부분 및 특수성을 시각화하기 위해 의복을 정확하고 자세하게 표현한다. 디자인 세부 사항을 보여주기 위해 평평하게 올려놓은 것처럼 한 의복의 기술 드로잉이다. 이것은 전체 의류 제작 과정에서 디자이너와 패턴 제작자 모두에게 도움이 된다.

드레이핑 Draping

의복 디자인의 구조를 발전시키기 위해 드레스 형태에 직물을 배치하고 고정하는 과정이다. 패션 디자인의 중요한 과정으로 의복을 제도해서 재단하는 것이 아니라, 바디에 직접 천을 대어 디자인을 창작하는 등으로 재단하면서 입체적으로 완성하는 기법이다. 드레이핑 후 옷감에서 천을 제거하여 의복의 재봉 패턴을 만드는 데 사용한다.

디디에 루도 Didier Ludot

24 Gal de Valois, 75001 Paris, France

럭셔리 빈티지의 대명사로 잘 알려진 고급 빈티지 숍이며, 숍의 사장 이름이기도 하다. 그는 오트쿠튀르의 아름다움에 매료되어 디오르, 샤넬, 발렌시아가 등 컬렉션을 수집하다가 1975년 파리 루브르 박물관 근처 발레로얄 공원 부근에 첫 빈티지 숍을 열었다.

ㄹ

라메 Lame

일반적으로 금실이나 은실로 메탈사이다. 다양한 컬러의 반짝이는 직물 유형 중 하나이다. 메탈릭 감각의 패션에 많이 사용된다.

라스트 Last

소재와 상관없이 신발 모양을 말하는 용어이다. 신발 제작에 필요한 발 모형을 뜻하기도 한다.

라이크라 Lycra

탁월한 탄성으로 알려진 합성섬유이다. 북미에선 'Spandex'로 선호되어 불리며, 유럽 대륙에서는 'Elastanne(프랑스)', 'Elastan(독일, 스웨덴)', 'Elastano(스페인)', 'Elastam(이탈리아)', 'Elastaan(네덜란드)'을 포함하여 'elastane'의 변형으로 언급된다. 영국, 아일랜드, 포르투갈, 스페인, 라틴 아메리카, 호주, 뉴질랜드 및 이스라엘에서는 주로 '라이크라'로 알려져 있다.

라펠 Lapel

재킷이나 코트의 앞면에 있는 젖힌 옷깃으로 두 개의 상단 부분이다. 불어로는 '르베르(Revers)'라고 한다.

래글런 슬리브 Raglan Sleeves

목둘레에서 겨드랑이 쪽으로 이음선이 있는 슬리브로 어깨 부분과 소매 부분을 구분하는 선이 없다. 활동하기에 편하며 티셔츠, 풀오버, 코트나 재킷 등에 이용된다.

런웨이 Runway

패션쇼에서 모델이 걷는 무대.

레더 Leather

가죽을 말한다. 인공가죽은 '아티피셜 레더(Artificial Leather)'라 하고 그 약어로 '레자'라고 하기도 한다. 레자는 영어가 일어에 와전되어 우리말로 사용되고 있는 단어이다.

레오파드 프린트 Leopard Print

흔히들 호피 무늬라고 얘기하고 해마다 트렌드라고 거론될 만큼 유행하는 프린트이다.

레이스 Race

꼬임이나 엮는 방법 또는 편성의 원리에 의해 만든 얇고 구멍이 뚫린 장식용 천이다. 수편 레이스와 기계 레이스가 있다.

레이어 룩 Layer Look

옷 몇 벌을 겹겹이 입는 착용 방식을 뜻한다. 속에 입은 것을 겉으로 보이게 하거나 긴소매 티 위에 반소매 티 위를 입는 등 여러 방법이 있다.

로퍼 Loafer

끈이나 버클 장식이 없는 구두라고 생각하면 된다. 굽이 낮고 발등을 덮는 스타일인데, 끈을 묶지 않기 때문에 게으름뱅이(Loafer)도 빨리 신을 수 있다는 의미가 담겨 있다. 클래식 구두보다 캐주얼하다.

룩 북 Look Book

시즌에 맞춰 나오는 스타일링 사진첩이라고 생각하면 된다. 시즌 컬렉션에 나오는 아이템들로 코디가 잘되어 있어 구매 욕구를 불러일으키는 역할을 한다.

룩 Look

옷의 대표적인 특징과 경향을 나타낼 때 쓰인다.

리버시블 Reversible

옷의 안감, 겉감을 모두 사용할 수 있는 옷을 의미한다. 특히 시접 처리가 잘 되어 있어 안을 밖으로 뒤집어 입을 수 있다. 대표적으로 F/W 시즌의 캐시미어 코트, 울 코트, 쇼트 패딩 등이 있다.

리버티 프린트 Liverty Print

영국 리버티사에서 개발한 작은 꽃무늬 프린트이다. 전면을 작은 꽃무늬 프린트로 장식한 옷감을 뜻한다.

리조트 룩 Resort Look

피서지에 놀러 갔을 때 알맞은 의복 또는 그에 걸맞은 휴가를 즐기기 위한 복장이다. 비키니가 될 수 있고 드레스, 원피스, 스포티한 의류 등이 대표적인 예이다.

리플리 The Talented Mr. Ripley

1999년 앤서니 밍겔라 감독 제작의 스릴러 영화이다. 1955년 퍼트리샤 하이스미스가 집필한 동명의 소설을 원작으로 한다. 특히 이 영화는 의상으로 스토리를 전개했다고 해도 과언이 아니다. 여러 사람에게 영감을 주었을 정도로 여름 의상을 세련되게 잘 표현해냈다. 특히 유럽 신흥 부자들의 패션을 잘 묘사하여 시대적 스타일을 잘 구현해냈다는 평을 받는다. 한편, 실제로는 존재하지 않는 허구의 세계를 진실이라 믿고 상습적으로 거짓된 말과 행동을 반복하는 '리플리병'이나 '리플리 효과'라고 불리기도 한다.

ㅁ

마놀로 블라닉 Manolo Blahnik

1942.11.27~

우아하고 나른한 형태로 유명한 세계에서 가장 존경받는 신발 디자이너 중 한 명이다. 신발에 섹슈얼리티(Sexuality)를 담아 디자인함으로써 우아하고 섹시한 구두의 대명사가 되었다. 동시에 부드럽고 가벼워서 착화

감이 편안하다는 평가도 많다.

마들렌 비오네 Madeleine Vionnet

1876.06.22 ~ 1975.03.02

그는 의상디자인 과정 중 스케치를 하지 않고 인체의 4분의 1 크기의 마네킹 위에 옷감을 두르고 직접 드레이핑하는 '바이어스 재단(Bias Cut)'이란 새로운 기법을 창안했다. 현대 복식에 일대 혁신을 가져왔으며 바이어스 재단 기법으로 재단된 천 조각들은 부분 부분이 자연스럽게 연결돼 입체재단 효과를 냈다. 이를 통해 그는 '드레스의 건축가'로도 불렸으며 코르셋이나 어깨심과 같은 인공구조물을 거부하고 오직 천 자체로써 형성되는 입체적인 디자인을 개발함으로써 현대 여성의 진정한 아름다움을 표현해냈다.

마리 라포레트 Marie Laforêt

1932.10.05~2019.11.02

프랑스의 가수이자 배우이다. 대표작은 〈태양은 가득히〉, 〈블루 팬더〉 등이 있다. 다양한 드라마에 출연하고 많은 음악 앨범을 발표했다.

마린 룩 Marine Look

바다, 선원, 해병, 어부 등 바다와 관련되는 모티프를 활용한 패션으로 세일러 칼라의 블라우스나 재킷, 흰 큐롯, 보트 네크라인 티셔츠, 피시맨 스웨터 등 요트나 돛의 바다를 연상시키는 여름 분위기의 스타일을 말한다.

마틴 마르지엘라 Martin Margielela

1954.04.09~

0부터 23까지의 숫자가 있는 브랜드 로고와 함께 천 조각으로 4개의 작은 흰색 스티치로 내부에 부착한 라벨은 혁명적인 브랜드 아이덴티티를 만들어 냈다. 1989년 비즈니스 파트너 제니 마이렌스(Jenny Meirens)와 함께 시작한 자신의 레이블 '메종 마르지엘라(Maison Margiela)'로 첫 컬렉션을 선보였다. 그는 1997년부터 2003년까지 에르메스 여성복 라인의 크리에이티브 디렉터를 역임했으며 기이하고 획기적인 디자인으로 세계 패션계에 큰 영향을 미쳤다.

매니시 Mannish

남성풍 단어로 '남자와 같은 여성'이라는 의미이다. 패션에서 남성복 디자인을 여성복에 적용한 스타일로 사용된다. 매니시는 '남자 같은, 남자임'을 뜻하는 '마스큘린(Masculin)'이라고도 하고, 페미닌과 대비되는 말이다. 테일러드 정장, 슈트, 셔츠 등으로 강한 여성의 매력을 표현할 수 있다.

머천다이징 Merchandising

상품의 큐레이션 및 기획하는 것을 말한다. 패션 머천다이저는 구매자 및 디자이너와 긴밀하게 협력하여 고객의 과거 구매 행동을 분석하고, 브랜드를 위해 어떤 상품을 비축할 것인지 선별하고 계획한다.

메시 Mesh

그물 모양의 편조직을 말하며 경편조직에서는 가이드바의 경사가 편조직에 따라 짜이며, 위편 조직에서는 편환의 이동이나 터킹(Tucking)으로 그물 모양이 짜진다. 또한, 체에 있어서 쳇불이 눈의 크기를 나타내는 단위로 사용된다.

모노톤 Monotone

단조로운 색조로 정돈된 스타일이다. 주로 무채색이나 단색을 기반으로 한 스타일을 말한다.

모던 스타일 Modern Style

현대적인 도시의 세련되고 기능적인 분위기이다. 단순한 기하학적 선의 사용, 무채색이나 차가운 느낌의 색으로 강한 색채대비, 현대적 느낌의 소재로 대담함을 표현한다.

모드 Mode

라틴어의 '모듀스(Modus)'에서 유래되었다. 원래는 생활 태도나 방법 등을 가르치는 인간의 내면적인 표현이었는데 프랑스어로는 주로 '패션'을 의미한다.

모스 그린 Moss Green

모스는 '이끼'라는 의미로 이끼의 색인 황록색을 뜻한다. 색명(色名)으로 1884년에 채용되었다.

모즈 룩 Mods Look

저항적인 문화와 개성을 추구하는 대표적인 세대로서 기존의 관습을 저항하며 이를 패션으로 승화시킨 사람들의 스타일을 모즈 룩이라 한다. 60년대의 대표적인 룩킹이 되었으며 허리가 가늘게 보이는 꽃 패턴 셔츠, 바지 밑단이 넓은 판탈롱, 무늬가 큰 넥타이를 예시로 들 수 있다. 비틀즈와 트위기가 모즈 룩의 대표주자이다.

모카신 Moccasin

부드러운 가죽으로 된 굽이 없는 신발을 말한다. 밑창은 단단하거나 부드럽고 유연할 수 있다. 밑창이 부드러운 모카신의 경우 밑창이 발의 측면과 발가락 위로 올라오며 주름진 솔기로 발 상단에 있는 U자형 조각에 연결된다.

무드 Mood

전체 스타일에서 대체로 느껴지는 분위기.

뮤즈 Muse

작가나 화가에게 영감을 불어넣는 존재이다. 그리스 신화에서 고대 그리스의 예술가들이 예술적인 영감을 얻기 위해서 음악, 미술, 문학 등을 주관하는 여신인 뮤즈에게 호소하곤 한 것에서 비롯된 용어이다. 패션에서는 디자이너에게 영감을 주는 인물을 뜻한다.

미니멀리즘 패션 Minimalism Fashion

미니멀은 '최소한도의', '최소의', '극미의'라는 뜻으로 단순하고 간결함을 추구하는 콘셉트이다. 장식적인 디자인을 가능한 제거한 심플한 디자인이나 직선적인 실루엣의 선정적인 옷, 또는 최소한의 옷으로 스타일을 연출한다. 절제됨 속에 더욱 세련된 면모를 보여주는 것이 특징이다.

밀리터리 룩 Military Look

군대풍의 옷차림이란 뜻에서 파생된 단어이다. '아미 룩(Army Look)'이라고 하며 재킷류 셔츠 또는 액세서리에도 군대 느낌을 최대한 살린 패턴을 넣어 포인트로 활용하기도 한다. 각진 어깨의 재킷과 견장, 군인을 연상케 하는 컬러인 블랙, 네이비, 카키 톤 등이 특징이다.

ㅂ

반다나 Bandana

두건 또는 반다나라고도 알려진 스카프는 보호 또는 장식 목적으로 머리, 얼굴 또는 목 주위에 묶인 삼각형 또는 사각형 천 조각이다. 반다나로 연출하는 가장 일반적인 스타일은 두건처럼 머리에 매는 것이다. 60년대에 평화와 자유를 주장한 히피들이 두건으로 사용하면서 반다나는 히피 룩을 이루는 한 요소로 젊은이들의 액세서리로 인기를 끌었다.

배기 팬츠 Baggy Pants

힙에서 밑으로 내려가면서 폭이 넓어지는 헐렁한 스타일의 팬츠이다. 70년대 중엽부터 유러피언 스타일로 채택되었다.

백리스 Backless

등을 노출하는 디자인을 말한다. 드레스, 톱, 수영복에 많이 이용된다.

백스테이지 Backstage

메인 스테이지가 아닌 곳. 무대의 뒤쪽을 말한다.

버질 아블로 Virgil Abloh

1980.09.30~ 2021.11.28

미국의 패션 디자이너이자 기업가이다. 그는 2018년 루이뷔통 남성복 컬렉션의 아트 디렉터였으며, 2021년 초에는 'LVMH' 브랜드 전반에 걸쳐 아프리카계 미국인 최초로 프랑스 럭셔리 패션 하우스의 아트 디렉터가 됐다. 또한, 그는 2013년에 설립한 패션 하우스인 Off-White의 CEO이자 크리에이티브 디렉터이다.

베어 톱 Bare Top

어깨, 등, 팔을 노출하는 탱크 톱을 말한다. 수영복이나 드레스로 많이 이용된다.

베어 룩 Bare Look

베어는 '노출된', '벌거벗은'의 뜻이다. 패션용어로 쓰일 때는 살갗을 부분적으로 노출한 것을 말한다. 예를 들면 어깨를 드러낸 베어 숄더, 등을 드러낸 베어 백, 배 부분을 드러낸 베어 미드리프가 있다. 베어 룩으로 여름철 가장 쉽게 볼 수 있는 아이템이 베어 톱이다. 이 밖에도 컬렉션에서 엉덩이를 부분적으로 드러낸 베어 힙도 가끔씩 볼 수 있다. 하지만 얇고 투명한 소재를 사용해 살갗이 비치는 효과를 주는 시스루 룩이나 몸을 완전히 노출하는 누드 룩과는 구별된다.

벨 보텀 Bell Bottom

무릎에서 발목 부분으로 내려가면서 폭이 넓어진 팬츠를 말한다.

보그 Vogue

'유행'이라는 의미가 담긴 패션 잡지 《보그》는 1892년 미국에서, 1916년에는 영국에 설립되었다. 잡지를 통해 영향력 있는 사람들과의 인터뷰, 음식 리뷰, 호텔 및 여행지 안내, 권위 있는 패션쇼 특징, 미용 제품 등을 소개한다. 가장 대표적인 하이 패션 잡지이고, 오트쿠튀르 옷이 많이 소개된다. 현재 미국을 비롯해 전 세계 26개국에서 발간되고 있다. 특히 4대 보그로 일컬어지는 미국, 영국, 프랑스, 이탈리아 판이 유명하다. 패션 모델로서 이 4대 보그에 한 번 등장하면 일단 성공했다 봐도 무방하다. 'Big 4'의 용어는 모델이 4대 보그지의 커버를 모두 완성할 때 일반적으로 사용되며 패션 업계에서 가장 성공한 사례로 말한다.

보우 타이 Bow Tie

일반적으로 나비넥타이를 의미하지만, 리본 모양으로 매는 드레시한 넥타이까지 포함한다.

보텀 Bottom

하의를 의미하는 말로서 스커트나 팬츠를 총칭.

부클레 Boucle

고리 모양의 원사와 이 원사로 직조된 직물을 모두 나타낸다. 실은 비슷한 크기의 고리 길이로 만들어지며 작은 고리에서 큰 컬에 이르기까지 다양하다. 부클레를 만들기 위해 적어도 두 가닥의 가닥이 결합하며 한 가닥의 장력이 다른 가닥보다 훨씬 느슨해져 결과적으로 느슨한 가닥이 루프를 형성하고 다른 가닥과 함께 루프를 형성한다. 부클레로 짠 직물은 이러한 루프 모양을 이룬다.

브리치 Breach

표백 가공한 옷감을 말한다.

브이 존 V Zone

테일러드 재킷 등에서 테일러드 칼라(Tailored Collar)에 의해 구성되는 V자형의 가슴 부분이다. 첫 번째 단추 위치에 따라 브이 존의 깊이가 결정된다.

블레이저 Blazer

재킷을 블레이저라고 한다. 보통 하의와 세트가 아닌 다른 컬러의 재킷을 의미하기도 한다.

블루종 Blouson

허리길이 혹은 그 이상 옷 길이의 일종이다. 재킷의 옷단 부분을 벨트, 고무, 니트, 끈이나 그 밖에 턱을 넣거나 하여 몸에 맞게 오므려서 등이 약간 부풀려진 것으로 점퍼와 거의 같은 형태가 많다.

비드 Bead

실로 연결할 수 있도록 구멍이 뚫린 유리나 도기(陶器)로 만든 구슬이며 보통 비즈(Beads)라고 복수형으로 많이 사용한다.

비스코스 Viscose

목질 펄프로 만든 반합성 레이온 원단이다. 고급 소재와 유사한 드레이프와 부드러운 촉감으로 실크 대용으로 사용된다. '비스코스'라는 용어는 특히 직물로 전환되는 목재 펄프 용액을 나타낸다. 1883년에 저렴한 인조 실크로 처음 생산되었다. 비스코스는 멋진 드레이프, 광택 마감 및 부드러운 촉감을 가진 가벼운 소재이지만 상대적으로 저렴한 가격대로 고급스러움을 전달할 수 있다.

빅토르 위고의 집 Maison de Victor Hugo

1802.2.26~1885.5.22

마레 지구 중심부의 유명한 보쥬 광장에는 빅토르 위고가 1832년부터 1848년까지 살던 집이 있다. '레 미제라블'의 상당 부분을 포함한 주요 작품 일부를 이곳에서 저술했다. 이 아파트를 방문하면 그의 가구, 다양한 기념품 및 놀라운 인테리어 디자인을 통해 그의 삶의 엿볼 수 있다.

빈티지 룩 Vintage Look

오래된 듯한 낡은 옷들을 크로스 코디네이트해서 입는 스타일을 말한다. 손뜨개 아이템이나 구슬 백, 꽃무늬 프린트들이 빈티지 룩을 살리는 요소들이다. 구형, 고물, 오래된 느낌이 나고 오래되어도 가치 있는 패션을 말한다. '싸구려'보다는 '오래된'의 의미가 강하다.

ㅅ

사파리 룩 Safari Look

사파리는 동부 아프리카 지방의 수렵 여행을 의미한다. 수렵복의 이미지를 일상복에 도입한 것을 '사파리 룩'이라 하며 1960년대 말부터 유행하기 시작하였다. 패치 포켓과 벨트가 있으며 스티치를 박은 재킷과 팬츠류에 차양이 넓은 모자 등을 착용한다. 긴 재킷, 주름 스커트, 챙 넓은 모자, 포켓, 벨트가 붙은 재킷, 사육사 느낌도 나면서 사냥복 무드를 풍기는 게 특징이다.

새들 슈즈 Saddle Shoes

새들 옥스포드 슈즈의 원용어. 백색에 흑색이나 적색의 콤비네이션이 일반적이다. 앙고라나 모헤어 등 털이 긴 소재이다.

샌드 Sand

모래색으로 자연주의 경향이 두드러지면서 출현한 색명의 하나이다.

샬롯 램플링 Charlotte Rampling

1946.02.05~

영국 배우이다. 60년대의 패션 아이콘인 동시에 다양한 영화에 출연했다. 〈45년 후〉, 〈스위밍 풀〉, 〈레드 스패로〉 등이 있다.

샴브레이 Chambray

염색한 날실과 백색의 충전사로 만든 면 평직물이다. 일반적으로 밝은 파란색이라서 데님처럼 보일 수 있지만, 더 가볍고 직조 방식이 다르다. 데님보다 질감이 부드럽고 구조가 얇아서 봄과 여름 상의, 점프슈트, 드레스에 적합하다.

세리그래피 Serigraphy

실크스크린 인쇄용어. 라틴어로 '비단'을 뜻하는 'Seri'와 고대 그리스어로 '글쓰기'를 뜻하는 'Graphos'가 합쳐진 것이다. 실크스크린은 우리에게 친숙한 티셔츠 로고부터 포스터까지 모든 것에 사용된다. 원칙적으로 스텐실과 비슷하고 도상이 뒤집어지지 않는다. 앤디 워홀, 이자크 타케이, 피터 막스 등 많은 아티스트들이 이 기법을 사용했다.

세미포멀 Semi-Formal

준정장을 말한다. 남성의 경우 흑색계통의 싱글이나 더블 슈트, 여성의 경우 이브닝 드레스나 칵테일 드레스를 의미한다.

세일러 칼라 Sailor Collar

해군복의 칼라를 말한다. 앞은 V 네크이고 뒤 칼라는 사각형으로 내려온다. 마린 룩의 주요 요소이다.

셀럽 Celeb

셀러브리티(Celebrity)의 줄임말이다. 즉, 대중들에게 주목을 받고 또 영향을 끼치거나 트렌드를 이끄는 유명인을 말한다.

소피스티케이트 Sophisticate

사전적 의미는 세계와 문화, 예술, 문학 등에 대한 많은 경험과 지식을 가지고 있거나 보여주는 것이다. 쉽게 표현하면 세련됨을 의미한다.

쇼 룸 Show Room

각종 제품을 전시 및 오픈 공개하는 장소이고, 기업 측에선 PR을 목적으로도 이용하며 전시 시작의 장소를 의미하기도 한다.

슈트 드레스 Suit Dress

남성용 테일러 슈트를 모방한 것으로 재킷의 기장을 길게 한 드레스를 말한다. 소재도 남성용을 많이 사용하며 셔츠의 목 주위에 관심이 가도록 스카프 등을 활용한다. 앞여밈 처리는 슬릿을 넣어 효과를 준다.

스노 화이트 Snow White

눈같이 흰, 설백(雪白)의, 순백의 색이다.

스웨그 룩 Swag Look

자신만의 개성을 살린 자유분방한 패션. 현대사회에서 힙합 용어로 사용되었다. 힙합에서의 스웨그는 허세 부리듯 자유로운 스타일을 말한다.

스타일리스트 Stylist

주로 의복에 관해서 코디네이트하는 역할로 스타일을 리드하는 스페셜리스트 디자이너와는 구분된다.

스타일링 클래스 Styling Classes

브랜드의 홍보와 판매 목적으로 고객들을 초대해 스타일링한 룩을 선보이는 자리이다. 이때 다양한 룩을 모델에게 입혀 고객들의 구매욕을 상승시킬 수 있다.

스톤 워시 Stone Wash

돌과 함께 세탁하는 방법이다. 새로 제조된 천 의류에 낡은 외관을 제공하는 데 사용되는 직물 제조 공정이다. 캔버스와 데님과 같은 뻣뻣하고 단단한 직물의 부드러움과 유연성을 높이는 데도 도움이 된다. 진이나 피혁 제품에서 볼 수 있다.

스트라이프 패턴 Stripe Pattern

줄무늬. 기하학적 문양의 대표적인 모티프이며, 직선을 평행으로 배열하여 구성한 것을 말한다.

스트랩리스 Strapless

어깨에 끈이 없는 의복을 말한다. 이브닝 드레스에 많이 이용된다.

스트레치 실루엣 Stretched Silhouette

잡아 늘인 것 같은 실루엣. 미국 디자이너 페리 엘리스의 1982년 S/S 컬렉션에서 특징적으로 보여주었던 실루엣이다.

스티치 Stitch

바느질 땀, 상침, 봉환을 의미하며 손이나 재봉기로 천을 바느질하거나 바느질한 땀 수를 가리킨다.

스틸레토 힐 Stiletto Heel

스틸레토는 이탈리어어로 단도를 뜻한다. 끝이 칼처럼 뾰족한 굽의 하이힐을 말한다. 우리나라에서는 '킬 힐'이라고 불리기도 한다.

스판덱스 얀 Spandex Yarn

폴리우레탄 80% 이상이 함유된 탄성 원사를 말함. 염색성이 좋고 신 축성이 좋다. 용도로는 파운데이션, 수영복, 양말목, 스포츠 셔츠, 멜빵 등에 사용된다.

슬림 라인 Slim Line

가늘고 호리호리한 실루엣. 극히 호리호리한 것을 '슈퍼 슬림(Super Slim)'이라고 한다.

슬림 팬츠 Slim Pants

체형에 꼭 맞는 홀쭉한 팬츠의 총칭이다.

슬릿 Slit

아이템에 트임이 있는 것을 말하고, 슬릿 드레스, 슬릿 스커트를 예로 들 수 있다.

시그니처 아이템/패션 Signature Item/Fashion

뛰어난 특징 혹은 대표성을 갖거나 유명한 아이템/패션.

시스루 See-Through

비치는 소재를 사용하여 신체가 비치는 디자인.

시어서커 Seersucker

경사 방향으로 수축한 평직의 면직물. 폴리에스테르와 면의 혼방이나 그 밖에 합성섬유를 사용한 것도 있다. 줄무늬가 많으나 체크무늬도 있다. 세탁성이 좋고, 다림질하지 않아도 된다. 여름용 여성복이나 아동복, 커튼 등에 사용된다.

시크 Chic

불어로 '멋진', '근사한', '스마트한'이라는 의미이다. 프렌치 시크(French Chic)라는 표현도 있는데 꾸미지 않은 듯 자연스럽게 멋을 나타낸다는 단어다.

시티 캐주얼 City Casual

캐주얼 감각의 '시티 룩' 또는 도시 감각의 '캐주얼 룩'을 말한다. 원래 시티 감각과 캐주얼 감각은 대비되는 것이나 이것을 병립시키는 것이다.

실루엣 Silhouette

윤곽을 말하며 복장의 아웃라인을 뜻한다.

심리스 Seamless

바느질 자국이 없다는 의미로 쓰인다.

ㅇ

아가일 체크 Argyle Check

마름모형의 체크무늬 혹은 다이아몬드 체크의 일종으로 스웨터의 무늬로 많이 사용된다. '아가일 플래드'라고도 한다.

아가일 패턴 Argyle Pattern

다이아몬드 또는 마름모꼴로 만들어졌다. 때때로 디자인에서 개별 다이아몬드를 지칭하는 데 사용되지만 일반적으로 전체 패턴을 나타낸다. 스웨터나 양말의 무늬에 이용하는 수가 많다.

아방가르드 Avant-Garde

프랑스어로 '전위적'이라는 뜻이다. 미래지향적이며 유니크한 감성을 제대로 보여주는 패션 스타일링을 의미한다.

아제딘 알라이아 Azzedine Alaïa

1935.02.26 ~2017.11.18

'집착의 왕'으로 알려진 프랑스 패션 디자이너로, 여성의 형태를 기념하기 위해 조각한 몸을 감싸는 디자인으로 유명하다. 전통적인 패션 일정을 포기하고 자신의 속도로 컬렉션을 제작하려는 몇 안 되는 디자이너 중 한 명이다. 그렇게 할 수 있는 그의 능력은 그의 엄청난 재능과 그의 디자인에 대한 만족할 줄 모르는 패션의 욕구에서 비롯된다. 그는 커팅 기술과 독특한 클래식 실루엣으로 인해 수십 년 동안 인기를 얻었다. 또한, 그는 쿠튀리에이자 조각가였으며 여성의 형태에 대한 광범위한 이해와 열정으로 존경받았다. 섬세하고 견고한 니트 드레스, 매혹적인 신발, 스테이트먼트 백, 복잡한 레이스 모티프가 특징인 레이저 컷 액세서리로도 유명하다.

알렉산드로 미켈레 Alessandro Michele

1972.11.25~

이탈리아의 패션 디자이너이다. 구찌(Gucci)의 크리에이티브 디렉터다.

알베르 엘바즈 Alber Elbaz

1961.06.12~2021.04.24

모로코 카사블랑카의 유대인 집안에서 태어난 엘바즈는 랑방 Lanvin 을 세계에서 가장 인기 있는 럭셔리 브랜드 중 하나로 탈바꿈시킨 것으로 유명하다. 그는 2001년 랑방의 크리에이티브 디렉터의 직책을 맡았고, 14년의 재임 동안 프랑스 브랜드의 강력하고 상업적으로 성공적인 DNA를 재건했다. 그의 대표적인 디자인인 지퍼 달린 칵테일 드레스는 많은 찬사를 받았다. 극도의 여성스러움에 볼드한 지퍼를 겉으로 드러나게 한 드레스는 우아하면서도 현대적인 랑방의 모습을 나타낸다.

앙상블 Ensemble

'조화, 통일, 함께'라는 의미. 의상의 통일성을 목적으로 블라우스와 재킷, 원피스와 재킷 등 처음으로 한 벌로 입기 위해 디자인된 것이다.

애슬레저 룩 Athleisure Look

일상생활부터 레저까지 편하게 입을 수 있는 스포츠 웨어를 말한다. 감각적이고 스포티한 느낌을 낼 수 있고 대표적 아이템으로 레깅스, 후드 집업 등이 있다.

애시메트릭 Asymmetric

'불균형', '비대칭'이란 의미. 좌우대칭을 의도적으로 피함으로써 움직임이 있는 멋을 내는 효과를 거두는 데 사용된다.

에스닉 Ethnic

'민족의'라는 의미이다. 민속복, 민족복에서 힌트를 얻은 소박하고 민속적인 느낌의 복장을 '에스닉 룩'이라고 한다. 민족전통복에서 영감을 받아서 소박하고 기하학적인 패턴이나 자수가 특징이다.

에스파드리유 Espadrille

해변에서 신는 신발의 일종. 밑창은 삼을 엮어 만들고 신발의 등 부분에 끈이나 가벼운 천으로 발목까지 감친다.

엑조티시즘 Exoticism

이국정조(異國情調). 이국정취, 이국풍을 말한다.

엘레강스 Elegance

불어로 '우아한', '고상한', '맵시'의 뜻이다. 엘레강스 상품은 곧 색, 무늬, 스타일 모두가 화려하지 않고 차분한 느낌의 아름다운 상품이다.

여피 Yuppi

여피는 '젊은 도시 전문직(Young Urban Professional)'의 약자이다. 대도시 또는 그 인근을 거주 및 직장으로 삼으면서 대학 수준의 학력을 갖추고 고소득 직업에 종사하는 젊은 성인으로 정의된다. 이 용어는 1980년대 초부터 사용되기 시작했다. 도시적이 세련된 아름다움을 추구하며 명품 브랜드 상품과 보석, 클래식한 비즈니스 슈트가 여피족의 대표적인 패션 스타일이다.

오일 친즈 Oil Chins

가공 원단. 코팅 가공의 일종으로 약간 빳빳하기도 하며, 끈적이는 감촉과 은은한 광택이 이 특징이다.

오트쿠튀르 Haute-Couture

오트(Haute)는 '높은 상류'를 의미하며 쿠튀르(Couture)는 '의상점', '재봉'이라는 뜻이다. 고급 맞춤복을 말하며, 원칙적으로 파리의 고급의상점 조합 사무국에 가입하고 조합규정의 규모와 조건을 갖춘 프랑스 일류 디자이너의 고급 주문 여성복을 의미한다. 주로 맞춤 방식을 기초로 주문 생산하는 쿠튀르 하우스들의 집단을 말한다. '쿠튀르 하우스'란 소속 디자이너들이 독창적인 디자인을 발표한 후 고객이 디자인을 선택하면 고객에게 맞도록 제작해 주는 시스템이다.

오프 화이트 Off White

순수한 흰색이 아니며, 약간의 회색을 띠거나 다른 여러 색을 약간 띤 백색을 말한다.

옥스퍼드 Oxford

경사와 위사가 2가닥으로 짠 직물이기에 조직에 틈이 있다. 옥스퍼드 원단은 가볍고 광택이 나는 부드러운 원단으로 주로 고급 셔츠, 가운, 때로는 드레스를 만드는 데 사용된다. 면, 엘라스테인 또는 면과 폴리에스터의 혼방도 있다.

옴브레 Ombré

염직 기법의 하나로 같은 계통색의 농염을 사용하여 일종의 점진적 이른바 보카시풍 으로 색채 효과를 낸 것을 말한다. 선염 효과는 밝은 색상에서 어두운 색상으로 또는 그 반대로 시각적 그러데이션이다. 그것은 빛에서 어둠으로의 특성에 특정한 그레이디언트 옴브레 컬러 원사로 짠 스웨터, 다잉이 된 스카프, 드레스 등이 있다.

요크 Yoke

뒤쪽 어깨, 가슴 부분이나 스커트의 허리 부분을 절개한 부분. 일반적으로는 절개선만을 넣어 디자인의 효과를 주는 것이 많으나, 체형의 굴곡을 살리기 위해 입체적으로 절개선 아래 부분에 개더(Gather)나 턱(Tuck) 등을 넣어 장식적인 효과를 주기도 한다. 가로의 절개선 외에 곡선, V자형, 스캘럽 등 여러 가지가 있다.

워크 셔츠 Work Shirt

노동용의 노타이 셔츠. 체크무늬의 더러움이 안타는 두툼하고 질긴 옷감으로 만든다.

워크아웃 룩 Workout Look

야외에서 운동할 때 스포츠 웨어로써 스타일을 살린 룩이다.

워터프루프 Waterproof

방수, 내수라는 의미의 총칭이다. 레인 코트 등 의복의 방수 가공을 말한다. 또 여름용의 화장품에는 물에 젖지 않는 파운데이션이나 아이섀도 등에도 쓰인다.

원마일 웨어 One-Mile Wear

1마일 정도의 가까운 거리를 외출하는데도 패션에 신경을 쓴다는 발상에서 생긴 스타일이다. 실내의에 재킷을 걸치는 등 요란스럽지 않게 멋을 내는 것으로 코로나 19로 인해 재유행한 용어이다.

위베르 드 지방시 Hubert de Givenchy

1927.02.20~2018.03.10

50~60년대 고전주의의 거장으로 불리는 그는 자크 파트의 제자로 패션계에 입문했다. 엘자 스키아파렐리, 크리스토발 발렌시아가에게 패션을 배워가며 52년에 자신의 첫 숍을 열었다. 이후 53년, 영화 〈사브리나〉에서 오드리 헵번의 의상을 담당했는데 이 영화로 아카데미 의상상을 받으면서 '사브리나 룩'을 전 세계적으로 유행시켰다. 이후 〈티파니에서 아침을〉에서 오드리 헵번이 입었던 원피스, 선글라스, 검은 밀짚모자를 히트시켰다. 오드리 헵번 외에도 그레타 가르보 등 당대 최고의 배우와 귀족들에게 엄청난 지지를 받았다.

이너 웨어 Inner Wear

언더 웨어의 총칭. 보디 패션(Body Fashion)이라고도 한다.

이지 재킷 Easy Jacket

편안한 기분으로 착용할 수 있는 재킷의 총칭이다. 소프트 재킷을 포함하여 헐렁하게 겉옷을 걸쳐 입은 느낌으로 착용하는 것으로 디자인이 매우 다양하다.

인도어 캐주얼 Indoor Casual

실내에서 착용하는 헐렁한 실루엣의 의복이다.

인솔/아웃솔 Insole/Outsole

'인솔'은 신발 내부에 발을 지탱하는 쿠션 부분을 뜻한다. 신발의 내피, 깔창에 해당한다. '아웃솔'은 반대 개념으로 땅이 닿는 바깥 부분을 말한다.

인포멀 웨어 Informal Wear

'정식'이라는 의미를 가진 '포멀(Formal)'의 상대어로 약식의 복장을 말한다. 남성의 경우 비즈니스 정장이 있고, 여성의 경우 칵테일 드레스 또는 바지 정장으로 정의되는 의류의 서양식 복장 규정이다. 형식적인 면에서 보면 세미 포멀 웨어보다는 덜 포멀하지만 캐주얼 웨어보다는 포멀한 것으로 생각하면 된다.

일러스트레이션 Illustration

패션에서의 일러스트레이션은 패션 이미지를 시각화하여 표현하거나 패션 정보를 전달시키기 위한 것으로 색채와 형태에 의한 비주얼(Visual) 예술이다.

ㅈ

자카드 Jacquard

현재는 직물 이름으로 굳혀졌지만, 어원은 이 직물의 직조방법과 직조기를 고안해 낸 프랑스의 조셉 마리 자카드(Joseph Marie Jacquard)이다. 자카드 직조기로 만들어진 직물들은 입체적인 표면 처리로 고급스러운 효과가 나는 것이 특징이다. 꽃이나 페이즐리, 아라베스크 문양 등을 표현하는 데 특히 효과적이다. 니트웨어의 독창적인 패턴을 만드는 효과적인 방법이다. 실크나 벨벳 같은 고급 소재에 많이 응용되고 있지만 요즘에는 합성소재에서도 많이 보인다.

존 갈리아노 John Galliano

1960.11.28 ~

크리스티앙 디오르(Christian Dior), 지방시(Givenchy), 메종 마르지엘라(Maison Margiela)와 같은 패션 하우스의 기성복 및 오트쿠튀르 컬렉션으로 유명한 영국 패션 디자이너이다.

ㅊ

차이니스 버튼 Chinese Button

중국풍의 의상에서 쉽게 볼 수 있는 이색적인 단추 장식이다. 차이니스 의상 자체가 다른 나라와는 구별되는 독특함을 가졌지만, 차이니스 버튼만큼 개성적이고 민족적인 것도 없다. 차이니스 칼라 아래로 단정하게 채워지는 차이니스 버튼은 실을 꼬아 만든 매듭 형식의 버튼과 단추가 채워지도록 구멍이 있는 고리 장식이 한 쌍으로 되어 있다. 주로 견사가 이용되지만 때로는 명주실이 이용되기도 한다. 동양적인 이미지가 강하게 풍기는 차이니스 버튼은 깨끗한 느낌이 있어 일반적인 정장 슈트에서도 많이 사용된다.

체스터필드 코트 Chesterfield Coat

몸에 너무 끼지 않고 허리를 약간 들어가게 한 남녀 겸용의 코트이다. 앞 여밈을 이중으로 해 안쪽에 버튼이나 지퍼를 달고 단을 덧대는 플라이 프런트로 처리해 단추가 보이지 않는다. 또 뒤 중심의 이음선, 테일러 칼라의 윗부분의 벨벳 사용, 슬림한 실루엣 등이 특징이다. 명칭은 영국의 체스터필드 백작의 이름에서 유래되었다. 원래는 드레시한 남성용 코트였지만 최근에는 미니멀한 디자인을 추구하는 디자이너들이나 에르메스, 페라가모 등 클래식한 라인을 선보이는 브랜드에서 제안하고 있어 더욱 시선을 끈다.

치노 팬츠 Chino Pants

치노(Chino)라고 불리는 두꺼운 능직 천으로 만들어진 팬츠를 말한다. 원래 세계 제1차 대전 당시 미군이 작업복으로 착용했었던 것으로 활동성을 최대한 살렸다.

ㅋ

카고 팬츠 Cargo Pants

카고는 영어로 '화물'의 뜻으로 화물선 승무원들의 작업 바지에서 유래되었다. 통이 넓고 양쪽 다리에 유틸리티 포켓이 있어 기능성은 물론 활동성도 좋아 캐주얼하게 입기 적당하다. 이 바지의 유행은 스케이트보드를 타는 스케이트 보더들로부터 시작되었는데 색상은 카키, 블루, 베이지가 주를 이룬다. 특히 여름에는 카고 팬츠 위에 탱크 톱 하나만 입어도 시크한 옷차림이 연출된다. 특히 국방색 카고 팬츠는 카무플라주 점퍼나 셔츠와 입으면 밀리터리 스타일로, 패치 포켓이 달린 재킷과 함께 입으면 사파리 룩 등 다양한 연출이 가능한 장점이 있다.

카디건 Cardigan

1890년대 초기 영국 남성들이 처음으로 착용하였다. 처음에는 짧은 재킷의 일종으로 울로 짰으며 칼라 없이 앞길을 트고 단추를 달았다. 때로는 벨벳을 네크라인에 첨부하기도, 19세기 말 짧은 롤 칼라가 붙은 것도 있었다. 나중에 다소 여유 있는 박스형으로 힙까지 길게 되었고 세계 각지에서 캐주얼 웨어로 남녀가 애용하게 되었다. 명칭은 크림 전쟁 때 이름을 날린 카디건 백작의 이름에서 유래한다.

캐릭터 브랜드 Character Brand

브랜드의 아이덴티티를 전략으로 활용하는 캐릭터 자체를 의미한다. 국내 패션 업계 내에서는 중 · 고가 이상의 브랜드로 타임, 마인, 구호, 델라라나 등이 있다.

캐주얼 브랜드 Casual Brand

편안하고 데일리한 옷을 합리적인 가격으로 만드는 브랜드를 말한다. 국내 브랜드로는 시스템, 보브, 톰보이 등이 있다.

캐주얼 Casual

가볍고 편안하다는 의미로 평상시에 입는 옷이다. 19세기 말부터 20세기, 형식주의에서 벗어나 아메리카 의생활 면의 캐주얼화가 발달하면서 다른 나라에도 전파되었다. 패션용어로서 폭넓게 쓰이고 있다.

캡 슬리브 Cap Sleeve

어깨를 살짝 덮는 캡 모양의 짧은 소매를 말한다.

캡슐 컬렉션 Capsule Collection

작은 규모로 발표하는 컬렉션으로, 급변하는 유행에 민감하게 반응하기 위해 제품 수를 줄여 보여주는 컬렉션을 말한다.

커머셜 프린트 Commercial Print

판매상품에 문자나 그림이 프린트되어 있는 것이다. 무늬의 옷감 티셔츠에 많이 이용된다.

컨템포러리 Contemporary

'동시대의', '현대의'라는 의미가 있고 쉽게 접근할 수 있는 현재 유행하는 패션을 말한다.

컬렉션 Collection

디자이너가 시즌에 앞서서 새로운 상품을 창작하여 발표하는 쇼를 말한다. 시즌별 컬렉션, 프리 컬렉션, 리조트 컬렉션 등이 있다.

코듀로이 Corduroy

섬유 사이에 공기를 가두어 따뜻하며 겨울철 추위를 막아주는 완벽한 원단이다. 매우 단단하고 내구성이 있기 때문에 19세기와 20세기에 노동계급 사이에서 작업복으로 되기도 했다. 데님과 마찬가지로 연령을 불문하고 널리 이용되는 재질의 하나이다. 흔히 골덴 바지라고 부르며 털이나 있고 이랑(Rib)이 있는 직물로 캐주얼한 느낌이 특징이다.

코스튬 디자인 Costume Design

영화 속 캐릭터 의상을 디자인하는 것이다. 무대에서 시대나 인물의 역할을 나타내는 의상의 디자인을 전문으로 하는 사람을 코스튬 디자이너라고 한다.

코스튬 주얼리 Costume Jewelry

패션 주얼리는 때때로 '코스튬 주얼리'라고 불리며 종종 황동, 구리 또는 알루미늄과 같은 비금속으로 만들어진다. 직물이나 가죽, 또는 귀금속으로 도금된 비금속으로도 만들 수도 있어 파인 주얼리(Fine Jewelry)의 반대 의미이다.

코케트 Coquette

'요염하다', '성적 매력이 있다'의 의미로 품위가 있다는 엘레강스와 비교했을 땐 평범한 분위기의 멋을 말한다.

쿠튀리에 Couturier

프랑스어로 '재봉사'란 뜻으로 쿠튀리에는 주로 남성 디자이너를 말하며 여성의 경우에는 쿠튀리에르(Couturière)라고 한다.

큐롯 Culotte

17세기 후반부터 18세기 후반까지 프랑스의 남성이 착용한 반팬츠를 말한다. 현대에 와서는 활동적인 팬츠형의 스커트를 말한다.

크레이프 가공 Crepe Processing

표면에 주름이 생기도록 처리한 옷감을 말한다. 주로 명주, 무명, 레이온, 아세테이트 등에 많이 이용된다. 빛의 반사로 광택이 나기 때문에 우아한 느낌을 준다.

크리스토발 발렌시아가 Cristóal Balenciaga

1895.01.21~1972.03.23

스페인 출신의 패션 디자이너이다. 50년대의 혁명적인 디자인을 선보인

발렌시아가의 구조적 디자인은 아직까지 역사적인 디자인으로 남아 있다.

크리스토퍼 르메르 Christophe Lemaire

1965.04.12~

프랑스의 패션 디자이너이다. 라코스테와 에르메스의 크리에이티브 디렉터를 맡았고 파트너 사라 린 트랜(Sarah Linh Tran)과 함께 르메르를 론칭했다.

크리스티앙 디오르 Christian Dior

1905.01.21~1957.10.24

쿠트리에 출신인 그는 1947년에 뉴 룩(New Look)을 발표하고 세계적인 디자이너가 된다. 1950년대 전 세계적으로 왕성한 활동을 하며 패션계를 이끄는 디자이너 중 하나였다. 그가 사망한 후 이브 생 로랑, 지안프랑코 페레, 존 갈리아노, 라프 시몬스 등 당대 최고의 디자이너가 하우스를 맡고 있다.

크리스티앙 루부탱 Christian Louboutin

1963.01.07~

프랑스 이집트계 슈즈 디자이너이다. 루부탱의 레드 밑창의 슈즈는 브랜드의 시그니처가 되었다.

클래식 프린트 Classic Print

당초무늬 등 유행에 따르지 않는 고전적인 무늬를 말한다.

클래식 Classic

기본. 유행을 타지 않고 오랫동안 소멸하지 않으며 계속해서 존재하는 스타일을 말한다. 패션의 세계에서는 새로운 유행과 클래식, 스타일로서 끊임없이 반복된다.

클리어런스 세일 Clearance Sale

재고조정을 위한 할인 판매를 말한다.

키치 Kitsch

독일어로 품위가 없음을 의미하는 말로 품위가 없는 무늬의 옷감이나 액세서리를 장난삼아 입는 것을 말한다. 저속한 모조품을 이르는 말로 사용되기도 한다.

타탄 Tartan

스코틀랜드에서 만들어진 격자무늬의 방모직물을 말한다. 무늬의 수가 171종, 배색은 백, 흑, 적, 황, 청, 녹색의 6색을 기본으로 한다.

탁텔 Tactel

나일론 극세사를 사용하여 은은한 광택과 부드럽고 유연한 터치가 특징이다. 감촉이 차가워 봄, 여름 계절에 적합한 소재이다.

태피스트리 Tapestry

14세기에 유럽에서 사용한 색실 무늬 직물을 말한다. 카페트 등에 이용된다.

탱크 톱 Tank Top

런닝형의 어깨를 노출한 상의를 말한다.

터쿠아즈 Turquoise

터키옥(玉)처럼 밝은 청록색. 선명한 청록색을 터크와즈 블루라고 한다.

터틀 네크라인 Turtle Neckline

하이 밴드 칼라(Hhigh Band Collar)로 통상 니트를 사용하며 목에 꼭 맞고 한 번 혹은 두 번 접어 내린다. 터틀 네크 칼라라고도 한다.

터틀 넥 Turtle Neck

거북이 목처럼 생겼다고 해서 이름 붙여졌다.

턱 Tuck

접어 박은 주름. 턱 옷감의 넓이 또는 길이를 줄이거나 모양을 내기 위하여 주름을 접어 박은 것을 가리킨다.

테이퍼드 룩 Tapered Look

어깨가 강조되고 밑으로 내려가면서 좁아지는 스타일을 말한다.

테일러 Taylor

주로 남성복을 재봉한다는 의미이다. 여성복으로서는 디자인과 재봉이 제대로 된 테일러드 슈트나 테일러드 스커트 등 무난한 스타일이 있다.

테일러링 Tailoring

맞게 줄이고 늘리는 것을 말하며 남성 양복을 알맞게 재단한다는 뜻이다. 테일러 숍에서 맞춤 정장, 슈트를 제작할 때 주로 쓴다. 테일러링이 좋다는 말은 곧 핏이 잘 떨어진다는 뜻이다.

텍스타일 Textile

실이나 털 등의 섬유 재료로부터 직물까지를 포함한 포괄적인 의미가 있다.

토털 룩 Total Look

전체적으로 통일된 복장을 말한다. 머리부터 발끝까지 조화된 코디네이트 룩이다.

톤 온 톤 Tone On Tone

동일 색상으로 톤이 다른 배색 상태를 말한다. 소위 동일계통의 배색이다. 동일 계열 색이 농도에 의해 배색된 것을 말한다.

톰보이 스타일 Tomboy Style

말괄량이 소녀의 무드를 내는 스타일로 치마를 완전히 버릴 필요는 없지만 치마나 드레스를 입지 않는 스타일이다. 대신 시원하고 편안한 보이시한 팬츠를 입는다.

톱 Top

의복의 상반신.

튜닉 Tunic

옛 그리스 시대의 관두의(貫頭衣)를 말한다. 현대에는 심플한 스타일을 기본으로 코트, 재킷, 원피스 등 폭넓은 디자인이 있다.

트라이얼 세일 Trial Sale

실험적 판매를 말한다. 새 제품을 내놓기 전에 매상의 전망을 보기 위해 창안해낸 패션 메이커의 새로운 판매전략이다.

트렌드 Trend

'경향'이라는 뜻으로 어떤 시즌의 전반적인 패션 동향, 경향을 말한다.

트로피컬 Tropical

열대지방의 민족의상으로 독특한 무늬, 소재, 옷맵시 등 여러 가지 모양이 디자인에 도입되고 있다. 트로피컬 붐과 함께 최근 캐주얼 패션에 많이 사용되며 주로 여름에 이용된다. 패션 외에도 다양하게 이용되고 있다.

트위드 Tweed

스코틀랜드산의 양모로 거칠어 보이는 직물을 말한다. 실이나 직조방법에 따라 갖가지 멋을 낼 수 있다. 주로 신사복, 오버, 재킷, 스커트, 팬츠 등에 이용된다.

트윌 Twill

조직의 명칭이다. 능직으로 표면에 사선의 두둑이 나타난 직물의 총칭이다.

티오피 T.O.P

시간(Time), 경우(Occasion), 장소(Place)의 첫 자를 따온 것으로 의복을 입을 때 포인트가 되는 3요소를 말한다.

티핑 Tipping

상의류 어깨 부위에 한 줄로 장식적인 줄무늬가 들어간 디자인 스타일을 말한다.

ㅍ

파운데이션 Foundation

의복의 실루엣이 아름다워 보이기 위해 입는 속옷을 말한다. 화장할 때의 맨살을 의미하기도 한다.

판타나 Pantana

인도에서 온 홀치기 염색을 주로 한 무명스카프를 말한다. 웨스턴 룩에서 없어서는 안 되는 액세서리로 사라사 무늬 등이 많이 쓰인다.

패드 Fad

일종의 소형 유행으로 대개 일반적인 유행보다 경박하거나 화려하며 변덕스럽다. 소수의 일부 집단, 특히 젊은 층에 의해 순식간에 받아들여졌다가 빨리 사라지는 주기가 매우 짧은 유행현상을 말한다.

패딩 웨어 Padding Wear

패딩은 '속을 채워 넣다'라는 의미로 다운 오리의 솜털 , 합성 솜 등을 속에 넣고 퀼팅한 의복으로 다운 웨어, 각종 퀼팅 웨어 등으로 추동 패션의 주역이다.

패브릭 Fabric

옷감을 총칭해서 말한다.

패셔니스타 Fashionista

옷 스타일에 중심을 둔 사람으로서 트렌디하고 스타일리시한 사람을 말한다.

페미닌 룩 Feminine Look

페미닌은 '여성스러움' 혹은 '여성적인 감성'을 뜻한다. '페미닌 룩'은 여성스러움이 물씬 나는 룩을 말한다. 볼륨 소매 블라우스나 러플 원피스를 예로 들 수 있다.

페이즐리 Paisley

페르시아, 인도에서 생긴 식물의 무늬인데 18세기에 스코틀랜드의 페이즐리시에서 모직물에 많이 유행되었다.

페이크 퍼 Fake Fur

인공모피를 말한다.

포멀 Formal

형식적인 예복을 말한다. 남성은 턱시도, 여성은 이브닝 드레스 등이 있다.

포인티드 힐 Pointed Heel

신발의 앞부분을 표현하는 토의 모양이 뾰족한 모습으로, 앞코가 뾰족한 굽을 말한다.

폴로 칼라 셔츠 Polo Collar Shirts

폴로 셔츠에서 볼 수 있는 특유의 칼라 디자인을 목면, 비단 등의 소재로 만든 스포츠 셔츠이다. 접어 젖히는 칼라로 2~3개의 단추가 있는 앞여밈을 플래킷 모양으로 하는 것이 기본이다.

풀 오버 Pull Over

머리부터 뒤집어써서 입는 것을 말하고 니트 의류의 라운드넥, 브이넥 톱을 풀오버라고 한다.

프란넬 Frannel

능직의 촉감이 부드러운 옷감으로 줄무늬 천이 많고 신사복이나 팬츠에 많이 이용된다.

프랑스와즈 아르디 Françise Hardy

1944.01.17~

프랑스의 싱어송라이터이자 영화배우이다. 샹송의 중요한 인물이며 60년대의 대표적인 패션 아이콘이기도 하다.

프레타 포르테 Pret A Porter

프레타(Pret A)는 '준비된', 포르테(Porter)는 '입는다'는 뜻이다. 기성복을 의미하며 고급 기성복이란 뜻의 프랑스어이다. 원래는 오트쿠튀르에서 발표된 것을 기성복의 느낌으로 고쳐서 일반 소비자들이 부담 없이 이용할 수 있도록 합리적인 가격의 기성복에서 시작하였으나 점차 일반화되어 현대는 처음부터 프레타 포르테를 위하여 디자인하고 제작하게 되었다. 오트쿠튀르 패션쇼는 파리에서만 열리는 반면 프레타 포르테 패션쇼는 뉴욕, 런던, 파리, 밀라노, 동경, 서울, 마드리드 등 세계 주요 패션 도시에서 개최되고 있다.

프레피 룩 Preppy Look

아이비 룩과 비슷하면서도 조금 더 캐주얼하고 현대적인 느낌을 말한다. 미국의 명문가 학생들의 스타일을 본떠 폴로 셔츠, 면바지, 플리츠 스커트, 니트, 조끼 등을 활용한 룩이다.

프로포션 Proportion

전체 중의 일부 또는 크기, 비율을 의미하고 패션에서는 특히 비율의 의미가 강하다.

프리미에르 비전 Premiere Vision

패션, 의류, 직물 등의 분야에서 가장 인기 있는 행사 중 하나인 'Premiere Vision Paris'에는 전 세계의 패션 업계 종사자들이 참가한다. 보통 2월

중순에 F/W, 9월 중순에 S/S 상품이 전시된다.

프리미에르 클라스 Premiere Classe

파리 패션위크의 놓칠 수 없는 패션 트레이드 쇼이다. 30년 동안 다가오는 시즌의 액세서리 트렌드와 내일의 패션을 만들어 가는 젊은 크리에이터들을 선보인다. 일반적으로 패션위크의 마지막 날을 기준으로 3월 첫째 주에 S/S, 10월 첫째 주에 S/S 상품이 전시된다.

프린트 온 프린트 Print On Print

무늬 위에 무늬를 겹치는 것으로 줄무늬와 꽃무늬를 겹친 것 등이 있다. 색다른 무늬의 옷을 입는다는 의미도 있다.

플랫 칼라 Flat Collar

세움이 없고 편편하게 접힌 칼라를 말한다. 귀여운 이미지로 아동복에 많이 이용된다.

플레어 Flare

바이어스 재단으로 풍부한 흐름을 내는 것으로 실루엣의 플레어 스커트가 대표적이다.

피셔맨 스웨터 Fisherman Sweater

북극의 어부가 입는 방한용의 두툼한 스웨터를 말한다. 천연의 굵은 실로 짜고 지그재그, 다이아몬드, 꽈배기 무늬가 특징이다.

피에르 발망 Pierre Balmain

1914.03.08~1982.06.29

쿠튀리에 출신의 프랑스 패션 디자이너이다. 미국에서 브랜드를 확장하는 사업으로 큰 명성을 얻었다.

피티 필라티 Pitti Filati

국제적 규모의 원사 제조의 우수성과 창의성을 표현하는 전시와 박람회이다. 최고의 패션 브랜드의 구매자와 디자이너를 대상으로 하는 트렌드, 의견 및 영감을 위한 고유한 플랫폼이다. 니트웨어 원사 컬렉션의 월드 프리미어이다. 일반적으로 1월 넷째 주에 S/S 원사 컬렉션을 6월 넷째 주에 F/W 원사 컬렉션을 볼 수 있다.

핏 Fit

합리적으로 아름답게 몸에 맞도록 조정하는, 단순하게 몸에 맞도록 하는, 또는 밀착시키는 것을 말한다. 단순히 몸에 밀착시키는 것으로 타이트(Tight)라 말하고 피트와 구별된다. 기성복의 조건으로 핏 좋은 옷은 몸에 합리적으로 잘 맞는 의복을 말한다.

ㅎ

하이 패션 High Fashion

유행 선도자들에 의해 채택된 보편화되기 이전 상태의 고감도의 창작적, 독점적 디자인을 말한다. 패션화의 과정상 초기 단계로서 소수에 의해 처음 받아들여지는 첨단의 유행 스타일이나 디자인이므로 소량 생산된다. 희소성이 높아 독점성의 매력을 가지며 가격이 비싼 옷이다.

후드 Hood

머리부터 목 부분까지 감싸는 부드러운 모자로 때로는 어깨까지 내려오는 것도 있다. 코트와 재킷에 붙기도 하고 단독으로 쓰이기도 한다.

히피 스타일 Hippie Style

히피족의 스타일을 일컫는 말로 자유롭고 자연스러운 분위기를 연출하며 밝고 화려한 색과 무늬를 사용한다. 아메리칸 인디언 스타일의 아이템을 활용하기도 한다. 60년대 미국을 중심으로 일어난 자연과 평화를 추구하는 청년들에게서 볼 수 있는 라이프한 복장을 말한다. 남성의 장발, 수염, 진 등이 있다.

힙 Hip 하다

세련되고 현대적인 것 또는 대중적이지 않지만 자신만의 영역이 확실하고 독립적인 생각과 멋을 가지고 있는 것을 말한다.

힙본 Hipbone

웨이스트 라인보다 낮은 요골의 위치에 맞추어 만든 스커트나 팬츠를 말한다.

힙스터 Hipster

대중의 큰 흐름을 따르지 않고 자신들만의 고유한 패션, 음악, 문화를 좇는 부류를 말한다. 난해하고 낯설지만 개성 있게 멋을 내거나 유행을 앞서가는 사람들을 일컫기도 한다.